당신의 저녁이 되고픈 날

당신의 저녁이 되고픈 날

박덕은 그림시집

시와사람

당신의 저녁이 되고픈 날

2023년 5월 20일 인쇄
2023년 5월 29일 발행

지은이 박덕은

펴낸이 강경호 편집장 강나루 디자인 정찬애
펴낸곳 도서출판 시와사람
등록 1994년 6월 10일 제 05-01-0155호
주소 광주시 동구 양림로 119번길 21-1(학동)
전화 (062)224-5319 E-mail jcapoet@hanmail.net

ISBN 978-89-5665-675-5 03810

· 잘못된 책은 구입하신 서점에서 바꾸어 드립니다.
· 값은 표지에 있습니다.

이 도서의 국립중앙도서관 출판예정도서목록(CIP)은
서지정보유통지원시스템 홈페이지(http://seoji.nl.go.kr)와
국가자료종합목록 구축시스템(http://kolis-net.nl.go.kr)에서
이용할 수 있습니다.

■ 작가의 말

詩와 함께하며
하루는 위로였고
또 하루는 광기였고
또 다른 하루는 기도였다.

그렇게
40여 년
詩와 함께 살고 있다.

평설 선물해 주신 강경호 시인과
축시 보내주신 최승범 시인께
감사드린다.

2023년 푸르른 날에 박덕은

■ 희년송

박덕은 박사께

최승범

세월은 빠르기도 하이
그래 어느덧 희년
박덕은 박사의
희년을 맞이하여
오늘의
더할 수 없는
기쁨 크게
누리시는가

나와의 인연도
어찌 적다 하리
소맷부리만 스쳐도
몇 생의 인연이랬는데
우리의
연줄을 그리자면

얼마쯤일까

갈재를 넘어오고
갈재를 넘어가고
봄 여름 가을 겨울
생각들 영글리며
우리들
뜻을 모두어
몇몇 학기였던가

우리들 공부는
언제나 즐거웠어
가르침과 배움이
따로 없었어
자투리
몇 분이래도
우리 서로
아쉬웠어.

1 한참을 망설였다

사랑의 방식 2

3 사랑한다면서

어떤 그리움 하나 4

5 잠시 쉬었다 가세요

불빛에 의지하고픈 저녁 6

축하마당

Recommended for the Nobel Prize in Literature

It is a blessing to live at the same time as Professor Deok-eun Park, a romantic writer of this era.

As a famous writer, artist, and educator, the artistic anguish and joy that flows through his work unfolds beautifully and mysteriously on the panorama of time.

If you're reading the award-shaking immersion process, you'll find yourself happy to return home in search of the truth.

I recommend reading through Deok-eun Park's collection of poems [Happy Imagery], poetry collection [*Dokdo*], poetry collection [*5.18*], and essay collection [*Reading the Window*]. And, it is recommended for the Nobel Prize in Literature.

Jeong Ho-sun
15th National Assembly member
Chairman, Korea Nobel Foundation

Recommendation

Professor Deok-eun Park is a writer who delivers a new message to the global civilization in the era of the global pandemic. As seen in tbe 10 volumes of [People Who Shined the World] series, including his book [The Scientists Who Shined the World], Deok-eun Park has provided a starting point for developing a DNA vaccine that catches Corona and a direction and flag for world unity.

And we can see a brilliant poetical imgination in his collections of poems like [Happy lmagcry], [*5.18*], [*Dokclo*], and in the collection of essays [(I) Read the Window], etc., and the compilation of aspirations for world peace and liberal democracy as well.

So I wish Deok-eun Park, the poet, to become the first recipient of the Nobel Prize in Literature in Korea.

Oct. 25th. 2021

UN NGO Peace Ambassador
Ambassador **Seung-eok Park** of the Republic of Korea

Nobel Prize in Literature

73-year-old Tanzanian novelist Abdulrazak Gurnah has been awarded the 2021 Nobel Prize in Literature.

It is the first time in 35 years that an African-American author has been awarded the world's highest Nobel Prize for Literature since Wotlcsoinka, Nigeria, in 1986.

Intellectuals all over the world say that in order to understand European and Latin American literature, you must first understand Asian and African literature.

In this regard, I hope that he will receive the Nobel Prize for Literature by actively illuminating the literary world of Professor Deok-eun Park as a representative of Korean literature.

If the literary flow of this year's Nobel Laureates drew consensus on the sad lives of refugees from colonies through a literary perspective, the literary horizon of the writer, Professor Deok-eun Park, first approaches the truth of the reality of the divided country and the gaze of the 5.18 Gwangju Demoeratization Movement in a very real way. I approached it in a way. And he showed us the direction, horizon, and flag of liberal democracy. I heard that it was a difficult task for any writer to imitate.

This provided an opportunity for mankind to openly discuss the issue of the division of North and South Korea and liberal democracy. Writer Deok-eun Park hopes that the literature of his professors will contribute greatly to this, and hope that the next Nobel Prize in Literature will reveal a very splendid achievement.

November 11, 2021

Consul-General of Ethiopia in Korea 

Issuance number : 202111

2022 Nobel Prize in Literature

Letter of Recommendation

Nationality: Korea

Name: Professor Deok-eun Park

The above person is cordially recommended as a nominee for the 2022 Nobel Prize in Literature in 「Nobel Literature」

October 1, 2021

Nobel Literature 

Issuance number : 202114

2022 Nobel Prize in Literature

Letter of Recommendation

Nationality: Korea

Name: Professor Deok-eun Park

The above person is cordially recommended as a nominee for the 2022 Nobel Prize in Literature by 「NOBEL TIMES」

October 1, 2021

Nobel Prize in Literature

We support the challenge of the Nobel Prize in Literature by Professor Deok-eun Park, the master of literature of this era. Professor Deok-eun Park has already received the Golden Chan Literary Award for recognition, and I believe that he will play a sufficient role as a central axis of Korean literature and world literature.

I sincerely wish for the Nobel Prize for Literature.

November 10, 2021

Literature Plaza Publisher

Ok-ja Kim

Issuance number : 202113

2022 Nobel Prize in Literature

Letter of Recommendation

Nationality: Korea

Name: Professor Deok-eun Park

The above person is cordially recommended as a nominee for the 2022 Nobel Prize in Literature by 「Oriental Literature」

October 1, 2021

Oriental Literature

Issuance number : 202112

2022 Nobel Prize in Literature

Letter of Recommendation

Nationality: Korea
Name: Professor Deok-eun Park

The above person is cordially recommended as a nominee for the 2022 Nobel Prize in Literature by 「Literary Newspaper」

October 1, 2021

Literary Newspape

노벨문학상 추천사

格山德海

인격은 산과 같이 덕은 바다 같이 하소서!

박덕은 교수님
노벨문학상을 응원합니다.

2021년 10월 23일

남재 **임 기 옥 Lim Ki Ok**
Nobel University Rh.D
Nobel Univesity 겸임교수

Nobel Prize in Literature Recommendation

People who read Poet Deok-eun Park, who was a professor at Chonnam National University, seem to be deeply moved by the stairs of contemplation that he leads. The mysterious world of works felt every step of the way, the feast of subtle colors and images in the 24th collection of poems [Happy Imagery], and the straight direction for liberal democracy and patriotism in the collections of poems [5.18] and [*Dokdo*]. Judging from the fierce flag, it is clear that he is a wise man from the East and a genius poet of this era. I dare recommend the Nobel Prize in Literature, as there are enough elements of human contribution to receive the Nobel Prize in Literature on behalf of Asia

Seoul National University Headquarters Director

Dr. Daeil Kang

K National Journalists Association 전국기자협회

Recommendation for the 2022 Nobel Prize in Literature

Due to the global outbreak of COVID-19, humanity is becoming more and more devastated mentally and physically suffering unbearable pain.

Fortunately, however, writer, professor, and painter Duk-eun, Park poet's poems are like a magic vaccine, healing and brightening the reader.

National poet Deok-eun Park has published the most books and received the most literary awards among the existing Asian poets. He also published 128 books, including the 24th collection of poems [Happy Imagery], the collection of poems [*Dokdo*], the collection of poems [5.18], and the collection of essays [Reading the Window]. The next Nobel Prize laureate in literature, in that it sublimates in the work a clear image, unfamiliarity, a strong perception of reality, the direction and flag of a nation to go forward, patriotism, the spirit of harmony among the people of the world, and emphasis on the importance of liberal democracy. is considered to be the best fit.

American psychoanalyst Smiley Blanton said that worry is the most terrifying personality-destroying epidemic. On the other hand, Poet Deok-eun Park's works dare to be considered a vaccine that cures all of these.

Oct. 27th. 2021

National Journalists Association
Guk Yongho Secretary General

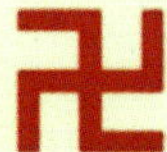

Nobel Prize in Literature Recommendation

Let's give our body and mind to the Buddha.
Early on, Tagore called Korea 'the burning lamp of the East' and prophesied that 'in the not too distant future, this country will have a wide reputation on earth'. It is believed that the root of Western culture came from Christian thought, and the root of Eastern culture started with Buddhist thought. In Professor Park's context flow, the Christian sentiment of love and forgiveness flows, and on the other side, the Buddhist sentiment of mercy and wisdom flows silently. In Buddhism, there is a feeling of static bliss by silently seeking the truth, seeing the walls and realizing the truth, while nirvana is achieved by eliminating dynamic stubbornness and arrogance, practicing selflessness and non-possession, and giving help at no cost. Prof. Deok-eun Park's award-winning poet Deok-eun Park's presentation is that you can feel the stillness and dynamic rhythm at the same time, so all citizens of the world will love Professor Park's literature.
As the Asian representative for the next Nobel Prize in Literature, I hope that you will become a beacon of hope for this country.

Nov. 1st. 2021

President of Sambo Newspaper
President of Sambo Buddhist University
Heung-nam Lee

1

한참을 망설였다

분홍

뿌리로부터 자유로울 수 없어
우는 님에게 구두를 선물했다
춤출 때만큼은 자유롭다며
불안과 소문과 밤을 벗고
봄의 발이 부르틀 때까지 캉캉춤 춘다.

호수

가장 선한 영혼들이 산다는 곳
유서도 없이 지상에서 밀린 이들이
자신의 영혼 찾기 위해 들어서는 곳
입국 완료되면 수면은 다시 잠잠해지고
초록 물그림자를 가장자리까지 내건다.

두 채의 집

양지바른 집에서 울음이 도지는 날
그늘집을 지어요
침울한 한낮이 쉴 수 있는
푹신한 프릴 문양의 그림자로 지어요
당신의 알 수 없는 감정에도 프릴 문양 달아요.

알고 보면

초록은 무서운 음모 꾸미고 있지
봄을 지배하는 무소불위의 권력 쥐고
생각과 버릇과 상처까지 간섭하며
초록 외의 것들은 아예 허락하지 않지.

오로지

가지마다 초록 리본을 목에 두른 고양이가 누워 있다
이별 먹고 죽은 듯 졸며 한 방향으로
지난겨울 날 따라와 그때부터 징징거렸다
가까이 가서 만지면 날카로운 발톱 드러내지만
가르랑거리는 울음의 지향점은 오로지 한 곳, 당신뿐.

봄봄봄대문을 열어라

당신은
유랑하는 그 밤의 이마를 적시며 노래했지
우리의 12시는 가장자리에서
왜 가장자리만 맴돌다가
문이 닫혔던 것일까.

해질녘

초저녁은 절반의 낮과 절반의 밤을 골라먹는다
속 보이는 빛의 강요가 매스꺼워
고요한 어둠의 성찰로 달랜다
노을 붉게 상처 물들일 때
우린 헤어진다 절반의 그리움 안고.

위험한 질주

봄빛에 눈멀어 달리고 또 달린다
굶주린 걸음은 속도를 높이고
휘어진 물의 길 따라 수면 밟고 달린다
눈앞의 수많은 변수와 추락에도 불구하고
오로지 나만이 당신을 사랑할 수 있다며 달린다.

한참을 망설였다

숲으로 이사 와도 되냐고 물었더니
쿵쿵거리는 층간 소음이 걱정이라며 풀들은 걱정하고
풀벌레와 개울물은 괜찮다고 했다
숲은 어우렁더우렁 어울릴 수 있겠냐고 물었다
나만의 색을 고집하지 않겠다고 말했다.

늘 궁금하다

그곳을 떠나온 이후로 숲은 잘 지내고 있을까
앞다투어 피어난 꽃들은 봄날을 무단횡단하다
후다닥 져버리는 건 아닐까
뎅뎅뎅 밀려오는 바람 소리에
연둣빛 가슴은 멍들지는 않을까.

눈의 독서법

읽다 만 산자락에 책갈피 꽂아놓고
다시 나무를 속독으로 읽는다
페이지 넘기다가 흘러내린 글자들이
바람에 난분분해도
하루에 수억만 평의 책 거뜬히 읽는다.

석양의 눈물

손잡아 주는 연민의 배경도
허공으로 스미는 그리움의 배경도
떼어내야 하는 저 위태로운 안색
가지마다 수북이 쌓여 반짝거린다.

숨길 수 없다

당신에게서 도망친 그리움이라는 집 한 채
해마다 겨울과 침묵을 키워 들썩이는 마음 누른다
연서 같은 흰 눈이 창문 두드려도 모르는 척하지만
그날 뜨겁게 달아오른 붉은 입술은
도무지 숨길 수 없다.

봄의 숲속 이야기

밤새 연두는 가지의 팔을 베고 잔다
아침의 숲이 연두에게 내준 팔을 조심스레 빼면
연두의 손은 이 나무에서 저 나무로 옮겨 다닌다
햇살뭉치를 머리 위로 던졌다 받으며 깔깔깔 논다
봄숲은 입 다물 줄 모르는 연두로 살이 찐다.

접는다

숲은 물의 굽은 길을 접는다
굽이굽이 걸어온 물의 어제를 쉬게 하고
출렁출렁 나아가야 할 물의 내일을 응원하려고 접는다
한때 나도 생을 접으려 했다
낡고 해진 추억을 당신이 품어 주기 전에는.

2

사랑의 방식

숨바꼭질

색색의 빛깔들이 해질녘 마당에서
석양과 함께 편을 갈라 놀이한다
호수는 싱싱한 윤슬로 몸 바꿔 숨고
산은 제 그림자 속으로 들어가
가만히 웅크리고 있다.

그곳으로 간다

한계 없는 촉수 빌려
맹목이 쏟아지는 달뜬 방으로 간다
자박자박 물의 걸음으로
우리 둘만이 머무는
그 비밀의 방으로 간다.

그 이름

당신에게 가는 발길을 해질녘이라 이름 지어요
사방은 어두워지는데
붉게 소용돌이치는 이 뜨거운 이름
느릿느릿 빛깔과 맞물리며 걷다가
서쪽 하늘에 지워질 저 무지갯빛 이름.

절반의 위선

이제는 괜찮아
달이 밤의 푸른 옷 찢는다고 해도
우리가 이별에게 빌린 차가운 뒷모습을
서로에게 던진 것처럼
서서 우는 저 둥글고 환환 비명.

귀가 시간

초저녁이 나무 울음으로 짜낸 초록을
쥐다 물그늘에 일렁일렁 풀어놓는다
이제 집으로 돌아가야 해
손목 긋는 해질녘이 붉은 불안 퍼뜨리기 전에.

어떤 행복

심심한 개울은
흐름이라는 과자 가지고 놀고 있다
개울이 벚꽃 물고기 바람을
삼켰다가 하나씩 뱉어낸다
바삭바삭 붉어지는 물결 소리가 맛있다.

절벽 전집

다급히 숨을 곳 찾은 새들에게
곁을 내주기 위해
아슬아슬한 낭떠러지 책들을 꽂아놓는다
날카로운 바람 부리로 결장 쪼지 못하도록
단단한 돌의 표지화를 그려놓는다.

사랑의 방식

호수에 비친 당신의 정오에
미열처럼 흔들리는 물결 자국이 나 있어요
무슨 일 있었는지 묻지 않을게요
다만 그 미열이 당신의 온몸으로 퍼지기 전에
가장 먼 가장자리에 두고 올게요.

어떤 몸부림 하나

직립의 저 돌은
평생을 바쳐도 한 걸음도 떼지 못하면서
머나먼 길 떠나고 있다
먹먹하게 고인 시간이 썩어 문드러져도
그리움이 지칠 때까지 다시 길을 떠나고 있다.

생떼

걷기 싫어
산중턱에 드러누워
발 동동 굴리는 구름
먼지 같은 흰빛이
뭉텅뭉텅 떠가고 있다.

노을의 정체

한때 하나되었던 키스처럼
허공의 입술들이 붉게 열린다
혀와 혀가 섞이면서
그리움의 형태마저 뒤바뀌는
저 황홀한 전율.

봄날애미

철 덜 든 아낙이 공중에 누워 있다
아지랑이가 뼛속까지 차오르면
봄 키워 삼월, 사월, 오월 세 딸 낳는다
입덧이 봄바람 같아 정신이 혼미하는지
달뜬 발걸음으로 자꾸 가출한다.

응원

당신의 올 풀린 그리움은 금세 해져 가기에
여기로 오는 걸음들이 쑥스럽지 않게
오솔길에서 꽃잎 깃발 흔들고 있을게요.

잔소리

가을이 깊어 간다는 건
계절 가두는 간섭이 많아진다는 것,
줄기는 메마른 가식 떨구라는 입이 늘어나고
가지는 주절주절 붉게 떠드는 입이 늘어나고.

너에게로 가는 길

싸움은 길어지고 길들은 갈피 못 잡고 있고
구차한 내력들이 울컥하며
불화살 쏘아대고 시간 옥죄고 있는데
당신에게 이르지 못한 해질녘은
등뒤까지 번진 울음으로 저물고 있다.

3

사랑한다면서

사랑한다면서

초록의 호흡이 끊어지기 전에
찾아와 미소 나누자 한 당신,
가고 없는 빈자리에
올해도
텅 빈 초록만 출렁이네요.

차라리

당신이 이 세상에
없었으면 좋겠어
그럼,
내 꽃빛 울음도 없을 테고
저 물빛 비명도 없을 테니까.

못 말리는 사랑

웅크린 망설임에서 만개한 설렘,
눈부신 벚꽃인가요
주눅든 어제에서 내달리는 심장 소리,
연분홍 물의 발걸음인가요.

평생

불안하게 뜯겨진 산의 심장에
새소리랑 봄 심으며 살아갈게요
단 한 번 당신이 올지라도
그때 편히 올 수 있도록.

님아

그리움이 수면을 빗질하면
봄의 맥박이 저리 떨까요
충혈된 어제를 달래는 연둣빛이
허공의 물이랑을 겹겹이 넘고 있어요.

외로움

맨발로 서 있는
저 분홍꽃 울타리 넘지 못해
오래 방치된 설렘의 뼈들,
시간의 끝에서 저무는
저 초록의 지문들.

부부

굽이굽이 함께 걸었던
하룻길을 호수 위에 펼치면
물결체 문장은
노을빛과 초록빛으로
점점 깊어져 간다.

오래된 꿈

푸른빛 몸으로
영원히 함께 살아요
부르면 곧바로 대답할 수 있는
딱 그 거리만큼의
목소리로 다가갈게요.

정진

어둠이 슬금슬금 몸 포개도
푸른빛 허무는 저녁이 와도
쏴아 철썩 물 채찍으로
밤의 등짝 때리며 나아간다.

첫사랑

물빛은 당신 추억하는 방식으로
초록빛은 설렘 기록하는 방식으로
하늘빛은 떨림 시작하는 방식으로.

방화放火

폭발음이 들렸다는
어지러운 소문이 무성한데
진분홍빛 불꽃을
품에서 꺼내려는 저 봄.

호수의 학습법

한 권의 산과 하늘
통째로 암기하려고
수면에 일렁일렁 깜지 쓴다
물안개로 날고 싶은 꿈 위해
새소리 찍힌 간결체 문장을 복습한다.

사랑하나 봐

강 건너편 짝에게
연분홍 모스 부호 보낸다
우듬지까지 감전된 설렘은 새소리에 실어,
뿌리까지 뻗어나간 떨림은 물그림자에 실어.

사랑의 은퇴

한때는 저 오솔길 따라
뒷목 뻣뻣한 하루 몰아세우는
만성 불안증에 시달렸지.

참을성

겹겹의 물무늬에 울음 숨기고
여린 이파리에 그리움 가두는
저 숲은
참으로 눈물 많은 짐승.

4

어떤 그리움 하나

스토커

충혈된 눈빛으로
당신의 사랑만 쫓는다
떨림의 변환으로 몸 바꾸며
비명처럼 곧장 돌진한다.

그늘

꽃가지 흔들면
한 움큼의 음지가 쏟아지겠다
햇살의 속치마 같은
한낮의 밑단 같은
알 수 없는 당신의 슬픔 같은.

물그림자 경전

정오가 벗어놓은 지문 위로
선문답 같은 새소리 깃들면
바람의 말씀에 심취한 구름이
물의 빈칸에서 고즈넉이 몸 푼다.

그리움 나무라는 집 한 채

그 집에는
웃음소리 흐르는 유년의 햇살방
아프고 달뜬 청춘의 추위방
주름져도 맑고픈 노년의 달빛방
가지와 그림자로 드리우고 있다네.

어떤 추격

장기 짝사랑 사건 해결하기 위해
수억 개의 투명 화살을 쏜다
불면의 시간으로 숨은 단서 찾을 때까지
저장된 기록의 소리 출력해 가며.

우리 둘만

어제와 내일 같은 건 죄다 버리고
오로지 오늘을 짓고 싶다
이 외로움의 극치점에서.

물결의 진화론

평소엔 그토록 잔잔하던 호수가
왜 당신 앞에만 서면
온몸이 흩어지는 썰물의 슬픔과
억겁의 생이 꽃피는 밀물의 설렘
그 거센 파도로 휘몰아칠까요.

첫 키스

폭발할 듯 펄펄
환장하게 몸살 깊었던
저 봄의 입술과 숨결들.

어떤 그리움 하나

불현듯 나무가 자랐다
햇살은 그 위로 몸 포개고
묵묵히 침묵 쌓아올렸다
그 끝에서 너의 꽃이 피었다.

리모델링

봄 한 트럭 싣고
겨울 세입자가 빠져나간 데서부터 공사 시작한다
벽지와 장판을 새단장하느라
봄의 자재가 거의 다 쓰인다
벌써부터 월세 계약 하려는 새들이 부산스럽다.

개울 유적지

물 움직이는 소리
우아하게 꺼내어
흐름의 지층 만들면
매끈하고 동글동글한
노래 방울들이 졸졸졸 흐른다.

열정

붉디붉은 눈보라
그 심장 뚫고서
가파른 오르막길
달린다.

어느 요양원

일 층에는
불조차 들어오지 않는 불안이,
이 층에는
걸음마 막 뗀 희망이
각각 살고 있어요.

고요 지킴이

호수 속 풍경을 지키는
저 초록의 키 큰 파수병
휘두르는 칼도 없이 바람을 벤다.

입술이 움직인다

혀끝으로 말랑말랑한 봄 굴리자
향긋하고 비린 맛이 난다
잎몸에서 어린 눈빛이 깨어나자
입안이 간지러워 재채기한다
에취, 붉고 화사하게 달아오른다.

5

잠시 쉬었다 가세요

잠시 쉬었다 가세요

노을방 아랫목에
고단한 나래 내려놓고
시린 시간의 무게는
물그림자 위에 띄워놓고
초록 쿠션에 편안히 기대세요.

당신인가요

저 길 끝에서 오는 연분홍빛 걸음
혹시 당신인가요
냉담한 어제 지우고
시르죽은 추억의 유실물 안고
이제야 오시나요.

해거름 발자국

하루 탕진한 시간의 지문은
노을 먹고 돌아온다
수갈래의 물살로 떠돌다가
귀가 서두르는 새소리 되어
지친 몸 누인 물그림자 되어.

저 붉음 앞에서

붉게 물든 맹목의 계절을 어떻게 지워요
울음 흔들렸던 곳에 신열도 앓았을 텐데
참이거나 거짓이거나
날 뜨겁게 지나가고 있던 것들인데.

봄의 호적

연둣빛도 삼칠일이 지나야 목숨값 한다며
출생 신고 미룬 아비 때문에
마음 바쁜 꽃잎들이
공중과 가지의 호적에
이름 올려 달라고 떼쓰듯 꽃핀다.

그 남자

슬금슬금 해안가 점령해 가는
울긋불긋 전략
해조음 틈타 그녀에게 전진한다
건축법을 무기 삼아 바닷가에서
배수진 친 저 뜨거운 사랑 고백.

함께

여기에는 따스한 온기가 있다
자음의 연둣빛과 호수
모음의 하늘과 새소리
입술에 닿았다가 열리는 음절에서
뭉클거리는 전율이 흘러나온다.

초록의 힘

몸집 키운 봄이 전시 중
그 어떤 칼바람도
초록의 근육 앞에서는
혀가 꼬여 시비 붙지 못한다.

최면에 걸린 듯

밤이 깊을수록 힘이 세다는 저 달빛
풀벌레 소리 왁자하게 들어올리고
귀가하는 발걸음들도 통통 걸어둔다.

길의 입꼬리

붉은 입술로
봄볕 따먹는 나무가 간지러워
구불구불 올라갔나
귓속말 흘리는 꽃바람에 초록 치마 들썩거려
부끄부끄 올라갔나.

유니콘의 뿔

햇살 화살에 맞으면
뿔이 박힐지도 몰라
찬바람으로 키 늘린 밤하늘에
떠난 님의 자리 다시 놓이듯이.

눕는다

난파선 품고 파도가 눕는다
피멍 든 피란의 개흙도 눕는다
파란만장한 산야도 눕는다
반짝이는 울음방울들도 눕는다.

닮아 간다

나는 당신의 처음이자 끝자리
그리움의 체질처럼
연둣빛 안색 스며들어요
서로에게 안기는 물결
그 뜨거운 관심처럼.

이별

잊겠다 못 잊겠다 그 서성거림
팽팽히 쏟아지는 자리
돌아갈 수 없는 불운의 가장자리에서
울음 물살이 중심 잃고 휘청거린다.

봄의 씨름

연두 연두하게 울퉁불퉁한 근육들
언덕이 봄비와 햇살 붙잡고 근력 운동 한다
비에 젖은 등판이 매혹적이다.

6

불빛에 의지하고픈 저녁

풍경 연극

한낮을 끌어당긴 수면은 물그림자 연극한다
동쪽에서 서쪽으로 가는 하룻길 상영하기 위해
빛의 내면이 드러난 명도로 역할 분담한다
연기의 폭 넓히기 위해 새소리로 은밀히 가린다
관객이 모두 연기자인 참여연극은 늘 만석이다.

이별 그 후

초록이 숲에 갇혀 한 마리 짐승처럼 울부짖는다
사랑 놓친 어제가 철썩철썩 바람 채찍질 하고
쓰러진 울음은 심장 꺼내 허공에 묻는다
그때 절벽 넘어 걸어오는 그대 목소리 들려온다.

그리움

분홍봄이 나무 끌어안고 울음 운다
돌아보면 다가가는 내 얼굴, 아니
조금씩 흩어지는 그대 얼굴
수십 년 동안 계절의 등만 바라보며
돌아오길 꿈꾸면서 그대 쪽으로 기울고 있다.

노을녘

나무마다 불을 놓아 넘치는 불덩이 물에 빠뜨리기에
저녁은 신경이 예민해진다
껴안아 펄펄 끓는 호수 보며
최초의 키스인 듯 최후의 이별인 듯
야릇한 감정에 빠진 낭만주의자 때문에 저녁은 잔뜩 긴장한다.

불빛에 의지하고픈 저녁

방불 스위치 켜고 빛을 다시 들인다
저 불빛들은 봄을 다시 불러오는 마중길
어스름이 길 지우는 동안에도
나는 불빛에 기대어 조금씩 봄날이 되어 간다
불안 따위는 상관없었던 한 시절이었다.

물멍*

물을 바라보며 아무 생각 없이 멍하니 있다
시퍼렇게 멍 든 물도 수억 년을 허공만 바라보며
제 안의 멍을 다독이며 여기까지 왔겠지
멍에는 일종의 출렁이는 주파수가 있어
가만히 들여다보면 서로를 끌어당기며 편안해지지.

*물멍; 물을 바라보며 아무 생각 없이 멍하게 있는 일.

받아쓰기

한낮의 말 잘 받아쓰기 위해
연필심에 침 묻혀 수면공책 첫 줄에 쓰기 시작한다
산이라고 말하자 선이라고 쓴다
수면에 비친 산은 입체가 아닌 線이며
새소리까지 품어줘서 착하기에 善이라고 쓴다.

당신의 저녁이 되고픈 날

한낮의 고삐에 끌려다닌 하루가 산을 넘고 있다
새들도 공중의 걸음이 지치는지 발자국 벗고
오래된 궤짝 같은 어스름이 번져오는데
당신의 귀가는 수레에서 내려오지 않고
먹먹히 산비탈 바라보며 저물고 있다.

분홍 나팔바지

세상을 쓸고 남을 통 넓은 바지로
생의 분기점마다 봄 되찾기 위해
한시절을 주름잡으며 통기타 쳤다
아직도 나무마다 그때 그 시절을 추억하는지
설렘으로 펄럭거리고 있다.

대본 연습

비명 같은 울음일지라도
끊임없이 각본대로 연습해야 한다
살기 위해 몸 던져야 하는
생의 절벽 앞에서 눈 질끈 감고
푸른 서러움 큰소리로 읽어야 한다.

푸르다

수면에 떨어진 새소리가 출렁 출렁
지지배배 배배지지 온종일 아프다고 출렁 출렁
물이 여린 몸으로 새소리 달래며 푸르게 출렁 출렁
그날 슬픔 껴안은 당신의 하루가 푸르게 출렁 출렁
아픔의 가장자리까지 닿아 슬픔이 사라질 때까지 출렁 출렁.

봄 화장법

겨울 추위 지운 자리에 봄별로션 듬뿍 바른다
초록 터뜨리는 방식으로 화사하게 볼화장 한다
기다림은 꽃의 콧대 높이고
설렘은 나비 속눈썹 팔랑팔랑 붙인다
당신이 그만 봄에 취해 빠져나가지 못하도록.

개울의 내력

물렁한 흐름 씨앗 한 알이 길 떠난다
처음이자 마지막 여행은
낮아지는 본능으로 방향 잡는다
졸졸졸 길 떠나는 한 채의 집
저 집에 우리의 유년이 살고 있다.

분홍에 대한 명상

백주대로의 입맞춤처럼 망설임 없는 색
어정쩡한 주저의 자세 물리친 직진의 색
내일보다 먼 천적이 다가와도 오늘을 웃는 색
병 깊은 소문보다 맑은 눈빛 귀하게 여기는 색
해질녘 짐승처럼 물드는 네 발로 님에게 가고픈 색.

불안한 폭식

절벽에서 제 몸 던지는 풍경을 한입에 집어삼킨다
밤낮으로 젖은 세상 삼켜대도 한없이 요구하는 위장
외로움이 가득 차 먹어도 먹어도 늘 허기진다
슬픔 많아 열리는 입은 아픔 견디는 힘
오늘도 야식 먹기 위해 도시의 입들은 들썩 들썩.

7

박덕은의 작품세계

색채이미지와 사물의 감각화
–박덕은 그림시집 『당신의 저녁이 되고픈 날』

강 경 호

(시인, 한국문인협회 평론분과회장)

1.

언제부턴가 '시의 위기시대'라고 하고 있다. 여러 가지 이유가 있지만 새로움을 추구하는 시의 태생적 운명과 더불어 문명의 발호로 인한 미디어들의 발달에서 오는 시각적 요소에 독자들의 시선이 빼앗긴 탓이 크다. 이러한 시대에 순수 서정시의 빈자리를 이른바 디카시가 채워가고 있다. 디카시는 비디오아트처럼 예술에 과학을 접목시켰다는 의미가 크다. 자연과학은 예술과는 도저히 만날 수 없는 지점에 있었지만 백남준에 의해 과학을 예술의 기제로 끌어들였다. 문학에서도 영상시를 비롯한 디지털카메라가 이미지를 생산하고 시를 완성하여 디지털매체를 통해 유통하고 소비한다는 측면에서 과학에 기댄 부분이 크다.

박덕은 작가의 시화집들도 디지털기기로 생산한 회화(繪畵) 작품을 시와 결합시키기도 했지만, 그러나 이번 그림시집과는 근본적으로 차이가 있다. 이전에 펴낸 시집에서 회화작품은 디지털기기를 이용해 생산하였음에도 흔히 우리가 보아온 시화집에 가깝다. 회화가 시의 보조적 기능을 하고 있기 때문이다.

그러나 『당신의 저녁이 되고픈 날』은 회화가 시의 보조적 기능을 떠나 시와 1:1의 균형을 유지한다. 즉 어느 하나가 없으면 완전한 작품이 되지 않는다. 그러므로 시와 회화라는 각기 다른 질료의 표현방법으로 형성된 기호라고 할 수 있다. 더불어 시의 행을 디카시처럼 5행 이내의 형식을 취하고 있는 점도 주목해야 한다. 디카시가 5행 이내인 것은 '날것의 언어' 또는 '백지의 언어', 즉 가공되지 않은 직관으로 사물의 본질이나 감정을 글로 형상화시키는 데는 짧은 시행만으로도 충분하다고 생각하기 때문이다. 박덕은 작가의 시화도 감흥을 직접 그림으로 그리고 동시에 문자언어로 형상화시키는 데 5행 이내이면 충분하다는 자신의 생각을 관철시킨 결과이다. 그만큼 시가 정제되고 절제되었다.

사진은 누구든지 찍을 수 있지만, 그림을 그리는 일은 전문성이 필요하다. 이런 측면에서 박덕은 작가가 처음 시작한 그림시는 쉽게 접근하기 어려울 수도 있다. 그러나 기존의 사진이나 이미지를 포토샵이나 컴퓨터 기술을 이용하여 자신의 감정을 표현하는 일은 결코 어려운 일이 아니다.

본래 박덕은 예술의 본령은 문학이다. 그는 시 · 소설 · 아동문학 · 시조 · 희곡 · 수필 · 문학평론 등 모든 문학의 영역을 섭렵해 왔다. 이후 사진예술에 접근하고, 인터넷아트를 통해 회화에 관심을 가지고 최근 몇 년 동안 괄목할 만한 성과를 보여주었다. 미술교육 비전공자가 그것도 추상미술의 어렵고 깊은 경지에 이른 것은 놀라운 일이다. 어쩌면 그가 비전공자이기 때문에 문학에서 얻은 독특한 영감과 상상력을 발현했을 것이라는 생각이 든다. 그러나 비전공자가 미술영역에 뛰어들어 예술적 성공을 거두는 일은 극히 드문 일이다. 그런 측면에서 필자는 박덕은 작가를 예술에 관한 한 천재라는 생각을 거두지 못한다.

인류의 미술사, 또는 문학사에서 미술과 문학이 만나는 경우는 수없이 많다. 동북아(한국·중국·일본)에서 산수화나 문인화에 시제(詩題)가 있는 경우가 그렇다. 그러나 이 경우에는 회화의 보조수단으로 시제가 그림의 한 구석에 자리를 했을 뿐이다. 서양의 경우 문학과 미술이 서로 영감을 얻어 회화나 문학이 발전해 왔다.

박덕은 작가의 『당신의 저녁이 되고픈 날』에 대해 커다란 의미를 갖는 것은 앞에서 밝혔듯이 문학과 미술이 각기 다른 표현방식으로 형상화되었지만 조화를 이루고 있기 때문이다.

우리가 알고 있는 시와 회화의 단순한 결합, 즉 회화가 시의 보조적인 역할을 하는 것이 아니라 서로 유기적인 관계를 이루며 한 편의 작품으로 완성된다. 이렇듯 새로운 예술 형식은 기존의 시화, 또는 조선시대의 문인화와 변별력을 가진다. 그러면서도 컴퓨터에서 작품을 생산하여 인터넷으로 유통하고 소비한다는 측면에서 디지털시대에 최적합한 예술형식이라고 할 수 있다.

이러한 박덕은 작가의 이번 작품집은 숲과 폭포 · 호수 · 물이 주된 소재로 색채이미지로는 '분홍' '초록(연두)' 등이 시각적 이미지로 나타나며, 사물을 감각화시키는 특징을 보여준다. 더불어 자연에서 생명성을 발견하는 시편, 인간의 실존을 노래하는 시편, 자연을 통한 사랑의 감정을 형상화시키고 있는데, 때로는 자연을 하나의 책으로 인식하는 시각을 보여주고 있다.

박덕은 작가가 이번에 펴낸 그림시집 형식의 명칭은 기존의 시화집과는 분명하게 창작과정이 다르기 때문에 그림시집이라는 명칭보다 더 정확한 이름을 붙여야겠지만, 새로운 형식의 예술에 대해 선뜻 명명하기가 쉽지 않다.

그럼에도 불구하고 새로운 예술형식의 출현은 '시의 위기시대'를 타개하는 훌륭한 예가 될 수 있을 것으로 판단되며, 지칠 줄 모르고 예술의 영역을 확장하며 타 장르와의 융·복합을 시도하는 박덕은 작가의 위대함은 우리 문학사와 미술사에 새로운 이정표를 세워가고 있는 것이 분명하다.

박덕은 작가의 『당신의 저녁이 되고픈 날』의 가장 큰 특징은 미술과 문학의 만남과 더불어 인터넷아트 범주에 드는 회화작품 모두가 '자연', 특히 '숲'을 그렸다는 점이다. 보다 구체적으로 살펴보면 시간적으로는 '봄'과 '석양'을 가장 많이 노래했고, 더불어 호수 · 물 · 폭포 · 나무가 자주 등장한다. 그리고 봄을 노래한 시편들이 많은 까닭에 '분홍' '초록(연두)'의 색채이미지가 많이 반영되었다.

시적 상징이 말해주듯 앞에서 밝혔듯이 생명성과 사랑의 감정을 노래한 시편들이 주류를 이룬다. 시인의 자연을 바라보는 시각을 잘 보여주는 것으로 자연을 하나의 책으로 인식하여 풍경을 '읽는' 것을 알 수 있다.

2. 초록과 분홍의 이미지

어느 화가든지 자신이 좋아하여 즐겨 그리는 색채이미지가 있는 법이다. 색채이미지를 통해 내면에 깃든 이미지나 정서, 그리고 메시지를 전달하고자 하기 때문이다. 이때 색채이미지는 작가의 정신과 삶의 지향성 등 세계관을 표출한다. 그림시집 『당신의 저녁이 되고픈 날』에서는 시시각각 변하는 자연의 모습에서 초록과 분홍, 그리고 석양의 이미지가 자주 나타난다. 초록색(연두색)은 생기발양(生氣發陽)한 봄과 생명성을, 그리고 분홍색이나 붉은 색조 또한 겨울이 지나고 봄이 되어 피어나는 봄날의 서정을 형상화시키고 있다. 또한 하루의 끝을 의미하는 붉은 색조나 황색을 통해 하루의 끝자락을 표현하는데 석양무렵의 인간적인 고독과 쓸쓸함이 묻어 있다.

초록은 무서운 음모 꾸미고 있지
봄을 지배하는 무소불위의 권력 쥐고
생각과 버릇과 상처까지 간섭하며
초록 외의 것들은 아예 허락하지 않지.

-「알고 보면」 전문

예술적 상징으로써 초록의 색채이미지는 생명의 기표로 생명성을 함의하고 있다. 그런데 "초록은 무서운 음모 꾸미고 있"다고 한다. '음모'는 '나쁜 목적으로 몰래 흉악한 일을 꾸미는 일'을 말한다. 부정적인 의미를 뜻한다. 그러므로 화자는 "봄을 지배하는 무소불위의 권력 쥐고/생각과 버릇과 상처까지 간섭하며/초록 외의 것들은 아예 허락하지 않"는다고 한다. 일상어로 읽는 봄의 음모는 권력자가 군림하며 자신의 의지대로 마음대로 한다라고 읽을 수 있다. 그러나 시에서는 부정적인 인식보다 겨우내 추운 시간 동안 이파리를 모두 떨군 숲이 다시 초록의 옷을 입고 세상을 초록으로 물들인다는 긍정적 의미인 생명성을 노래하고 있다. 부정적인 폭력성을 오히려 봄의 성격에 대입시켜 생기발양한 활력과 생명성을 노래하는데 일조한다. 화면에서도 산맥과 골짜기 등 산이 초록(신록)의 풋풋함의 일색으로 화면을 채우고 있어 문자시가 말하는 의미를 보다 구체적으로 보여주고 있다. 여러 갈래의 골짜기와 산맥이 꿈틀거리는 듯한 시각적 효과가 이 작품이 지닌 생명성을 강조하는데 선명한 이미지를 제공하여 시가 더욱 활력을 갖는다. 그러므로 시제인 「알고 보면」은 초록의 폭력성을 말하고자 함이 아니라 초록이 지닌 본질을 묘파하고자 함인 것을 짐작할 수 있다.

「귀가 시간」에서는 "초저녁이 나무 울음으로 짜낸 초록을/죄다 물그늘에 일렁일렁 풀어놓는다"고 한다. "이제 집으로 돌아가야" 하기 때문이다. 그것은 "손목 긋는 해질녘이 붉은 불안 퍼뜨리기 전에."라고 노래하고 있다. '초록'은 나무울음으로 짜낸 것으로 자연의 본질이라고 할 수 있다. 호숫가에 서 있는 초록색 나무의 울음은 초저녁이 호수의 물그늘에 풀어놓는 시간이 해질녘이기 때문이다. 저녁이 되면 산에 사는 짐승도 사람도 모두 집으로 돌아가는 것은 자연의 섭리이다. 즉 저녁 때가 되면 호수는 어두워지고 나무의 초록그림자도 모두 사라짐을 노래한 것으로 볼 수 있다.

이밖에 「외로움」에서는 멀리 산이 있고 근경에는 집 한 채와 분홍빛 울타리가 있다. 적절한 색채의 배치가 참으로 평화스러운 풍경이다. 화자는 이러한 풍경에서 특히 '분홍빛 울타리'에 주목한다. 울타리를 넘어야 "오래 방치된 설렘의 뼈"로 형상화된 "초록의 지문들"을 만날 수 있기 때문이다. 그러므로 초록은 설렘의 대상이며 생명의 표지이다.

「오래된 꿈」에서 화자는 '푸른빛 몸', 즉 초록으로 함께 오래 살자고 한다. 부르면 대답할 수 있는 거리는 적당한 거리라고 할 수 있다. 인간관계도 그렇듯이 너무 멀거나 가까우면 불편할 수 있다. 이러한 거리에서 푸른빛, 즉 초록 옷을 입은 채 함께

영원히 살자는 것은 생명성을 오래 유지하자는 뜻으로 읽을 수 있다.

「첫사랑」의 화면은 온통 푸른색이다. 커다란 나무 한 그루가 물가에서 가지를 커다랗게 드리우고 있는 한국적인 풍경을 보여준다. 여기에서는 '물빛' '하늘빛' 등은 초록에 가까운 색조들이다. 어스름한 새벽인지 해가 진 후의 하늘빛인지 잘 알 수는 없지만 "당신을 추억하"고 "설렘 기록하"고 "떨림 시작하"는 것으로 보아 색채를 통해 사색하는 생명의 감정을 형상화시키고 있다.

이상에서 보았듯이 박덕은 작가의 회화에서는 '초록'이라는 색채이미지가 시인의 생각과 세계관을 생명성과 설렘의 감정, 인간관계에서의 거리 조정, 파수병 등 다양하게 나타나고 있다.

한편 박덕은 작가의 화면과 시에서 쉽게 만날 수 있는 것이 '분홍' 색채이미지이다. '분홍'은 '초록'과 함께 흔히 '봄'의 모습으로 등장한다. 겨울이 가고 봄이 오면 지천에 온갖 꽃들이 피어난다.

백주대로의 입맞춤처럼 망설임 없는 색
어정쩡한 주저의 자세 물리친 직진의 색
내일보다 먼 천적이 다가와도 오늘을 웃는 색
병 깊은 소문보다 맑은 눈빛 귀하게 여기는 색
해질녘 짐승처럼 물드는 네 발로 님에게 가고픈 색.

-「분홍에 대한 명상」 전문

박덕은 작가의 '분홍'빛은 주로 나무에 핀 꽃으로 형상화된다. 이 작품은 분홍색에 대한 화자의 색채 관념이 깃들어 있다. 백주대로에서 입맞춤은 용기와 절실한 사랑이 전제된다. 그런데 분홍색은 입맞춤처럼 망설임이 없다고 한다. 또한 주저하기보다는 직진한다고 한다. 뿐만 아니라 "오늘을 웃는 색" "눈빛 귀하게 여기는 색" "해질녘 짐승처럼 물드는 네 발로 님에게 가고픈 색"이 분홍색에 대한 화자의 관념이다. 이러한 관념은 우리가 흔히 알고 있는 '화사한 색' '부드럽고 아름다운 색'이라는 생각을 여지없이 무너뜨린다. 화면에서는 길도 분홍빛이고 길 위로 길게 늘어뜨린 가지도 모두 분홍색이다. 전체적으로 화면 구성이 분홍으로 덧칠되어 있을 정도로 세상을 분홍으로 물들여 놓았다. 분홍색이 의미하는 세계를 만들고 싶다는 마음이 엿보인다. 시인이 만들고 싶은 세계는 '망설임이 없고' '직진하는' '웃음 띤' '눈빛을 귀하게 여기는' '해질녘 짐승처럼 물드는 네 발로 님에게 가고픈' 그런 세계인 것이다.

분홍 색채이미지로 채색한 시편으로는 「노을의 정체」가 먼저 눈에 띈다. 화면 전체가 붉거나 분홍색 풍경이다. 집은 물론 나무들도 온통 분홍색이다. 앞에서 살펴본 「분홍에 대한 명상」처럼 시인의 색채 지각력을 짐작하게 하는 작품이다. 석양 무렵 색채를 통해 황홀한 감정의 표정을 화면과 함께 자신만의 언어로 형상화시키고 있다.

「응원」의 화면은 분홍빛으로 나무가 물들어 있다. 그 배경에 황색바탕이 배치되어 더욱 온화한 분위기를 연출하고 있는 이 작품은 화자가 바라보는 누군가가 쑥스럽지 않게 "오솔길에서 꽃잎 깃발 흔들고 있을"거라는 다짐을 한다. 시와 그림이 비교적 단순하여 정제된 이미지를 연출하고 있음으로 돋보인다.

「방화」에서도 화면 속 커다란 나무에 분홍꽃이 만발하여 사위가 훤하다. 시의 제목이 암시하듯 봄날의 분홍꽃 피움을 "폭발음이 들렸다는/어지러운 소문이 무성"하다고 함으로써 누군가 봄날 불을 질렀다는 인식이 분홍빛 개화를 강하게 어필하는데 효과적이다.

「사랑하나 봐」의 화면은 호수가 있고 그 곁에 길이 지나간다. 길 언저리에 분홍꽃을 피운 커다란 나무와 두어 그루의 작은 나무를 배치하였는데 강 건너 몇 그루의 나무가 수면에 화사한 분홍꽃빛을 비추고 있다. 이러한 화면은 시에서 "강 건너편 짝에게/연분홍 모스 부호 보낸다"며 봄날 분홍꽃이라는 기호를 통해 설렘과 떨리는 마음을 전하는 감정을 형상화하여 회화작품과 시가 절묘하게 어울린다. 이처럼 박덕은 작가의 시화는 이미지와 시가 서로 작용하여 작품으로 완성되고 있다.

3. 폭포 · 호수의 이미지

앞에서 살펴본 초록과 분홍은 푸르름과 화사한 보색관계이면서도 생명성과 사랑의 의미를 묘사하고 있다.

이에 비해 폭포 · 호수 · 물의 색채는 비교적 차가운 느낌을 준다. 하지만 본질적으로는 '물'이라는 물질이 지닌 공통성을 갖는다는 측면에서 동질성을 갖는다. 그러면서도 결이 다른 이미지와 의미를 낳는다.

주지하다시피 '폭포'는 남성적 기질을 내포하고 있다. 더불어 동적인 이미지를 보여준다.

한계 없는 촉수 빌려
맹목이 쏟아지는 달뜬 방으로 간다
자박자박 물의 걸음으로
우리 둘만이 머무는
그 비밀의 방으로 간다.

-「그곳으로 간다」 전문

단조로운 블루색조의 화면에 하얀 포말을 쏟아내며 폭포가 물속으로 떨어지고 있다. 매우 절제된 화면에 폭포의 모습이 강조되고 있다. 이러한 모습을 시적 화자는 "맹목이 쏟아지는 달뜬 방으로 간다"라고 한다. "달뜬 방"은 "우리 둘만이 머무는/그 비밀의 방"으로 시적 대상인 폭포로 비유된 사랑의 감정으로 충만한 존재의 마음을 드러낸다. '폭포'는 역동적이어서 남성성의 상징이라고 할 수 있다. "자박자박 물의 걸음으로/우리 둘만이 머무는/그 비밀의 방"은 둘만의 공간으로 비밀의 장소이다. 우리는 이 작품에서 거대하게 아래로 떨어지는 폭포의 굉음을 듣는다. 사랑을 찾아가는 격렬한 동작이 매우 감각적으로 다가온다. 여기에서 말하는 '비밀의 방'은 은밀한 공간으로 둘만의 공간이다.

「정진」을 읽는다. 화면의 구성이 녹색으로 폭포를 감싸고 있는 형국이다. 폭포수만이 하얗게 직진으로 떨어지고 있다. 시간적으로는 "어둠이 슬금슬금 몸 포개"는 "푸른빛 허무는 저녁" 무렵인 듯싶다. 폭포가 떨어지는 소리를 "쏴아 철썩 물 채찍으로/밤의 등짝 때"린다고 한다. 흐르는 물의 본성은 살아 있음을 증거하기 위해 어둠 속에서도 물소리(물채찍 때리는)가 선명하게 들리기 때문이다. 이 작품의 화면은 어둠이 내린 것이 아니지만 작가는 회화작품을 비교적 환하게 그렸다. 시의 내용으로 보아 분명 저녁 무렵이다. 작가의 맑은 눈이 화면을 밝게 그린 것이다. 어둠 속에서 밤의 등짝을 폭포가 물채찍으로 볼 수 있게 그린 것으로 의인화법을 구사함으로써 폭포의 이미지가 강조되었다.

「스토커」에서도 폭포를 의인화시켰다. “충혈된 눈빛으로/당신의 사랑만 쫓는다”며 폭포의 물흐름을 사랑을 쫓는 스토커로 인식하고 있는 것이 이채롭다. 그리고 “비명처럼 곧장 돌진한다.”고 노래함으로써 소리내어 쏟아져 내리는 폭포의 모습을 ‘비명’ ‘돌진’으로 적절하게 비유하여 사랑을 향해 거침없는 스토커를 잘 형상화하였다.

「어떤 추격」에서는 짝사랑 사건을 풀기 위해 투명한 화살로 비유한 폭포의 모습이 선명하게 잘 그려졌다.

「이별」에서는 화면의 커다란 폭포에서 물줄기가 쏟아지는 모습에서 이별의 아픔이 얼마나 큰지를 형상화하였고, 호수에 떨어진 물이 “울음 물살이 중심 잃고 휘청거린다”고 하여 이별로 인한 깊은 상처를 효과적으로 그렸다.

「대본연습」은 그야말로 폭포의 본질을 잘 드러낸 절창이다. 푸른 화면 가득하게 높고 긴 폭포의 물줄기를 그렸는데, 이것을 “비명 같은 울음”이라고 묘사하였다. 그리고 “살기 위해 몸 던져야 하는/생의 절벽”이라고 하여 폭포의 운명을 묘파하였다.

위에서 ‘폭포’를 노래한 시편에서는 폭포의 의미를 다양하게 해석하였다.

다음엔 ‘호수’를 노래한 시편들을 살펴본다.

가장 선한 영혼들이 산다는 곳
유서도 없이 지상에서 밀린 이들이
자신의 영혼 찾기 위해 들어서는 곳
입국 완료되면 수면은 다시 잠잠해지고
초록 물그림자를 가장자리까지 내건다.

-「호수」 전문

박덕은 작가의 상상력은 기존에 우리가 알고 있는 호수에 대한 관념을 철저하게 부순다. 영국의 어느 호수에는 '네시'라는 커다란 짐승이 살고 있다고 하지만, 이 작품에서 화자는 "가장 선한 영혼들이 산다"고 한다. 물리적으로는 물이 고인 공간이지만 작가의 상상력은 "유서도 없이 지상에서 밀린 이들이/자신의 영혼 찾기 위해 들어서는 곳"으로 해석한다. 호수는 위로부터 흘러온 물들이 머무는 곳이지만 화자는 물을 '소외된 존재들'로 환치시켜 버린다. 그러면서도 "자신의 영혼 찾기 위해 들어서는 곳"이라고 한다. 즉 소외된 자들이 잃어버린 영혼을 회복할 수 있는 신성한 공간으로 호수를 인식하는데 작가의 놀라운 인식태도가 빛나는 대목이다. 뿐만 아니라 이곳에 오기 위해서는 마치 국경을 넘어오듯 "입국"해야 한다고 하는데, 소외된 자들만이 들어올 수 있는 영역임을 은연 중에 강조한다. 그리고 "입국 완료되면 수면은 다시 잠잠해지"는데 이것은 이전에 있었던 물과 동일화가 이루어졌음을 말한다. 그런 까닭에 맑은 영혼으로 동화된 물들은 "초록 물그림자를 가장자리까지 내건다"고 할 수 있다. 이 작품의 화면 구성을 보면 그것이 이해된다. 호수의 위쪽 상단부에 서 있는 나무들의 초록그림자가 물 위에 반영되기 때문인데 '나무'의 맑은 영혼이 '초록그림자'가 되어 호수에 든 물에게 전이되기 때문이 아닐까.

이밖에 「사랑의 방식」은 화면 중앙에 누정이 있고, 호수가 누정을 둘러싸고 있다. 그리고 누정 위로 품이 큰 분홍빛 꽃을 피운 나무가 화면 위로부터 아래로 늘어져 있다. 때는 정오이므로 하루 중 가장 밝은 대낮이다. 그 정오에 '당신'은 호수에 모습이 비춰져 있다. '당신'은 화면 중앙에 있는 누정을 말하는데 누정의 그림자가 호수에 비친 모습을 그리고 있다. 이때 호수의 물결은 잔잔하게 일고 있어 물결자국이 나 있다. 그런데 화자는 "무슨 일 있었는지 묻지 않"겠다고 한다. 다만 호수에 일고 있는 미열이 당신의 온몸으로 퍼지기 전에 "가장 먼 가장자리에 두고 올" 것이라고 한다. 여성적 어조로 정황을 묘사하고 있는 화자의 감정이 고스란히 전해온다. 작가가 호수 가운데의 누정과 호수 등의 사물을 '사랑의 방식'에 대한 마음을 비유적으로 묘사하고 있다. '미열 같은 호수' '열기 식히는 방식' '이성적인 사랑'의 방식을 높은 시적 안목과 상상력으로 노래하고 있다.

「부부」 또한 사랑을 노래한 작품이다. 화면에 초록과 노랑, 그리고 붉은빛 갈색 등 극히 제한적인 색채만으로 구성된 회화이지만 메시지는 간단하지 않다. "굽이굽이 함께 걸었던" 부부의 "하룻길을 호수 위에 펼치면/물결체 문장은/노을빛과 초록빛으로/점점 깊어져 간다."고 한다. 호수를 한 권의 책으로, 호수 위에 펼쳐진 부부의 하루를 물결체 문장으로 표현하고 있다. 하루종일 함께하고 저녁 무렵을 호수에 비추면, 그것은 부부의 하루 삶을 기록한 문장이 된다. 부부의 삶, 또는 사랑이 저녁 무렵 "노을빛과 초록빛"이 되어 "점점 깊어져"가는 일은 삶이 깊어져 가고 사랑 또한 깊어져 간다고 읽어도 무방할 듯싶다.

「호수의 학습법」 또한 자연을 책으로 바라보고 있다. 그러므로 "한 권의 산과 하늘"이라고 한 것이다. 책을 "통째로 암기하려고/수면에 일렁일렁 깜지 쓴다" 즉 산과 하늘을 암기하기 위해 호수를 연습장 삼아 마치 연필로 수없이 반복적으로 씀으로 하여 호수는 깜지가 된다. 책 속에는 새소리도 있고 또 다른 무엇도 있을 것이다. "물안개로 날고 싶은 꿈 위해" 호수라는 깜지에 "간결체 문장을 복습"한다. 이 작품에서 자연을 책으로 바라보는 상상력과 호수를 복습하기 위한 연습장으로 인식하는 태도가 놀랍다.

「물그림자 경전」은 박덕은 작가가 잘 구사하는 의인법을 잘

활용한 작품이다. 제목이 암시하듯 호수에 새소리가 깃들고, 바람의 말씀에 심취한 구름이 호수에 비친 모습을 물의 빈 칸에 몸을 푼다고 비유한다. 여기에서 화자는 물그림자진 호수를 경전으로 바라보고 있다.

「물결의 진화론」 역시 의인법을 통해 작품에 활력을 불어넣고 있다. 잔잔한 호수가 "왜 당신 앞에만 서면" '슬픔' '설렘'이라는 감정의 파도가 이는지를 묻는다. 물결의 진화는 물의 흐름을 말하는 것으로 이러한 자연현상을 작가는 인간이 지닌 감정으로 승화하고 있다.

4. 사물의 감각화

박덕은 작가의 그림시집에서 가장 눈에 띄는 표현방식은 사물의 감각화이다. 본래 사물이 지닌 성격을 감각적으로 탈바꿈시켜 새로운 의미와 이미지를 낳게 한다. 타성에 젖거나 관념화된 사물의 본성을 깨움으로써 사물이 지닌 본질을 새롭게 드러내게 하는 감각화는 시인의 상상력에 기인한 것으로 사물이 들려주는 소리를 듣게 한다. 박덕은 작가의 그림시에서 사물의 감각화는 회화와 문자언어 모두에서 이루어지는데 회화에서는 감성적 색채이미지에서 비롯되고, 시에서는 의인화법을 통해 이루어진다.

박덕은 작가의 회화는 원색에 가까운 색상을 화면에 사용하고 있다. 파스텔톤의 이미지가 부드러운 감정을 유발시키는 반면에 팔레트색이라고 할 수 있는 원색의 강렬함이 사물을 선명하면서도 활기가 넘치는 화법(畫法)을 구사하는데서 사물의 감각화가 이루어진다. 시에서는 주된 시적 대상인 자연에게 인격을 부여하여 다양한 정서를 시에 내포하게 한다. 그러므로 박덕은 작가의 그림시는 생기가 넘치고 자연을 인간의 삶과 실존을 실감하게 한다.

그곳을 떠나온 이후로 숲은 잘 지내고 있을까
앞다투어 피어난 꽃들은 봄날을 무단횡단하다
후다닥 져버리는 건 아닐까
뎅뎅뎅 밀려오는 바람 소리에
연둣빛 가슴은 멍들지는 않을까.

-「늘 궁금하다」 전문

이 작품의 화면은 녹색과 황색으로 채워져 있다. 색상 중에서 가장 명도가 높은 황색과 중간 명도를 지닌 녹색이 어울려 생생한 자연의 이미지를 연출하고 있다. 특히 황색을 돋보이게 하는 감각을 보여준다. 수채로 그린 듯 물감이 번지는 듯 효과를 통해 숲의 이미지를 선명하게 하고 있는 이 화면은 추상미술을 연상하게 하여 숲의 이미지를 부각시키고 있다. 화자는 숲의 안부를 묻는다. 특히 "앞다투어 피어난 꽃들은 봄날을 무단횡단하다/후다닥 져버리는 건 아닐까" 하여 쉽게 지는 꽃을 염려한다. 여기에서 '꽃이 봄날을 무단횡단하다'는 매우 감각적이다. 꽃이 쉽게 지는 모습을 의인화하였는데 '앞다투어 피어난 꽃들'과 "뎅뎅뎅 밀려오는 바람 소리" 등의 시행과 함께 생명력이 넘치는 봄날의 풍경을 실감나게 그려내는데 일조하고 있다. 봄의 생명체들이 "후다닥 져버리는 건 아닐까" "연둣빛 가슴은 멍들지는 않을까" 하며 시종 봄날 피고 자라는 생명체들을 걱정하는 마음이 시 전면에 흐르고 있다.

「늘 궁금하다」보다 더 모노크롬(monochrome)적인 색채를 보여주는 화면이 「눈의 독서법」이다. 거의 청색으로 화면을 구성하고 있는 이 작품은 눈 덮인 산과 나무가 단색이다. 색이 매우 절제된 이 작품을 바라보는 화자의 시선을 '읽는다'라고 하고 있다. 자연을 해석하는 작가의 안목이 특별하게 느껴진다. "읽다 만 산자락에 책갈피 꽂아놓고/다시 나무를 속독으로 읽는다"고 하는데, 이는 겨울 풍경을 재빨리 바라본다는 의미를 작가만의 시선에 의해 매우 감각적으로 느껴진다. "페이지 넘기다가 흘러내린 글자들이/바람에 난분분해도/하루에 수억 만 평의 책 거뜬히 읽는다."라고 말하는데 자연을 바라보는 작가의 감각에 의해 넓고 커다란 겨울 들판과 산, 그리고 바람에 휘날리는 나무 위에 덮인 눈의 모습이 명징하고 차갑다.

「한참을 망설였다」는 작가의 또다른 감각을 유감없이 드러낸 작품이다.

숲으로 이사 와도 되냐고 물었더니
쿵쿵거리는 층간 소음이 걱정이라며 풀들은 걱정하고
풀벌레와 개울물은 괜찮다고 했다
숲은 어우렁더우렁 어울릴 수 있겠냐고 물었다
나만의 색을 고집하지 않겠다고 말했다.

-「한참을 망설였다」 전문

이 작품의 화면도 녹색 주조의 단색으로 구성되었다. 숲을 형상화한 것으로 자세히 들여다보면 숲속의 작은 폭포가 보이고 주변에 숲이 우거져 있다. 흔히 '숲'을 떠올리면 '고요하다' '침묵하다'를 연상하기 십상인데 내면을 들여다보면 "쿵쿵거리는 층간 소음이 걱정이라"는 풀들의 걱정이 있다. 물론 화자가 숲으로 이사 와도 되냐는 물음이 전제되기는 하지만, "풀벌레와 개울물은 괜찮다고 했다". 그러면서 오히려 "숲은 어우렁더우렁 어울릴 수 있겠냐"고 묻는다. 결과적으로 화자는 숲에 오면 여러 가지 불편해질 것이라고 단정하여 스스로 숲으로 이사 오는 것을 접는다. 작은 이야기가 있는 이 작품은 의인화법을 통해 숲과 화자가 소통하는 방식으로 작가의 상상력을 통해 '고요'와 '침묵'으로 인식되는 숲의 세계를 마치 동화적인 세계로 분위기를 조성하고 있다. 사물의 감각을 깨워 사물이 지닌 본질을 새롭게 해석하고 있다.

「노을의 정체」는 붉은 색채이미지를 통해 석양 무렵의 풍경을 황홀한 감정으로 해석하여 매우 감각적으로 노래한 작품이다.

한때 하나되었던 키스처럼
허공의 입술들이 붉게 열린다
혀와 혀가 섞이면서
그리움의 형태마저 뒤바뀌는

저 황홀한 전율.

-「노을의 정체」 전문

'노을의 정체'를 규명하고자 하는 이 작품에서 화자는 '키스'를 생각한다. 키스는 사랑하는 사람에게 사랑의 감정을 표현하는 행위이다. "혀와 혀가 섞이면서" 뜨거운 감정을 교환하는 행위처럼 노을은 "허공의 입술들이 붉게 열린다"고 인식한다. 그런데 본래 사랑의 감정을 의미하는 '붉은' 그리고 '노을'은 "그리움의 형태마저 뒤바뀌는" "황홀한 전율"이라고 화자는 반전의 상상력으로 '노을'을 해석한다. 감각적인 이 작품은 화면 전체에 나무도, 집도, 붉은 입술과 사랑의 열정을 표현한 것처럼 뜨거운 이미지로 구성되어 있다. 특히 황색으로 빛나 눈을 뜰 수조차 없는 노을이 시가 노래하듯 "황홀한 전율"의 그리움을 형상화한 것으로 느껴져 화면의 이미지나 문자시의 이미지와 의미가 서로 상승하여 더욱 감각적으로 다가온다.

「못 말리는 사랑」에서도 화면이 온통 분홍빛이다. 좌우에 나무들도 분홍꽃이고 가운데 물 흐르듯 지나가는 길도 분홍빛이다. 사랑의 감정을 시각적 이미지로 화면에 수놓은 듯하다. 그러므로 "웅크린 망설임에서 만개한 설렘,"이 벚꽃 피는 봄날이기도 하지만, 화자는 "주눅든 어제에서 내달리는 심장소리"를 듣는다. 사랑의 감정에 휘말린 화자의 심정이 분홍 색채이미지와 잘 어울린다. 이러한 정황을 화자는 "연분홍 물의 발걸음인가요."라고 스스로에게 되묻는다. 색채이미지가 사랑의 감정을 매우 효과적으로 감각화하고 있다.

사물을 감각화한 박덕은 작가의 시편은 무수하다. 아니 모든 작품에 적용되고 있다 해도 틀린 말이 아닐 정도로 작가는 회화와 문자시에서 적극적으로 나타내고 있다. 숲의 이미지를 형상화시킬 때는 '초록'이 주조를 이루고, 물을 노래할 때는 '블루'가 주류를 이룬다. 그리고 뜨거운 감정을 드러낼 때는 '분홍' '붉은색'을 주로 화면 가득 채운다. 또한 다양한 시각적 이미지의 구사와 의인화법을 통해 시가 감각화에 힘입어 변용된다. 이러한 그의 작품세계는 '자연'이라는 제재를 통해 사랑과 이별, 그리고 실존에 대한 탐구, 보편적인 삶의 정서를 구현하는 데 바쳐지고 있다.

8

박덕은 프로필

○박덕은 프로필

☎ 대한민국 010-4606-5673
＊ E-mail; herso@hanmail.net

· 대한민국 전남 화순 출생
· 전북대학교 문학박사
· 전) 전남대학교 인문대학 교수
· 전) 전남대학교 국어국문학과장
· 현) 대한시협 부회장
· 현) 한실문예창작 지도 교수
· 현) 새한일보 논설위원
· 현) 대한미협 부이사장
· 현) 서울일보 기자
· 시인
· 소설가
· 문학평론가
· 희곡작가
· 동화작가
· 수필가
· 시조시인
· 동시인

· 사진작가
· 사진작품 전시회 2회
· 제1회 한국예술문화대전 사진 대상 수상
· 제42회 대한민국 현대 미술대전 사진 금상 수상
· 제24회 대한민국 현대미술대전 사진 특선 수상
· 제41회 현대 미술대전 사진 특선 수상
· 제1회 국민행복 사진대전 대상 수상
· 제1회 한강 사진대전 대상 수상

· 사진 작가상 수상

· 화가
· 박덕은 서양화 개인전 3회
· 박덕은 서양화 초대전 3회
· 박덕은 서양화 단체전 50회
· 서울 인사동 인사아트프라자 갤러리 개인전
· 남촌미술관 박덕은 서양화 초대전
· 정읍시 박덕은 교수 서양화 초대전
· 광주 패밀리스포츠파크 갤러리 박덕은 서양화 초대전
· 한국노동문화예술협회 초대작가
· 대한민국유명작가전 초대작가
· 대한민국문화예술인총연합회 추천작가
· 제9회 대한민국예술대전 대상 수상
· 제33회 한국노동문화예술제 미술대전 대상 수상
· 제22회 올해의 작가 초대전 대상(한국예총상) 수상
· 제17회 국제종합예술대전 대상 수상
· 제48회 L.A. 페스티벌 미술대전 대상 수상
· 제32회 국제현대미술 우수작가전 대상 수상
· 한강 문화예술대전 대상(미술 훈장) 수상
· 제9회 한국창작문화예술대전 대상 수상
· 2021 국민행복 미술대전 대상 수상
· 2020 제주국제미술관 유채꽃 미술대전 대상 수상
· 2022 여울 미술대전 대상 수상
· 2022 소망나비 미술대전 대상 수상
· 2022 대동강 미술대전 대상
· 제17회 국제종합예술대전 금상 수상
· 제17회 국제종합예술대전 우수상 수상
· 제17회 국제종합예술대전 특선 수상
· 제46회 충청북도 미술대전 서양화 수상
· 2021 대한민국 한석봉 미술대전 금상 수상

· 2021 대한민국 한석봉 미술대전 은상 수상
· 제17회 평화미술대전 서양화 입상
· 제53회 전라북도 미술대전 서양화 특선 수상
· 제14회 대한민국낙동예술대전 서양화 특선 수상
· 제14회 대한민국낙동예술대전 서양화 입상
· 제9회 한국창작문화예술대전 서양화 특선 수상
· 2021 대한민국 나비미술대전 한국예총상 수상
· 제12회 3 • 15 미술대전 서양화 입상
· 2021 대한민국 생활미술대전 서양화 특별상 수상
· 2021 대한민국 생활미술대전 서양화 입상
· 제10회 국제기로 미술대전 서양화 금상 수상
· 제6회 무궁화서화대전 서양화 금상 수상
· 제6회 무궁화서화대전 서양화 특선 수상
· 제19회 대한민국 회화대상전 서양화 특별상 수상
· 제19회 대한민국회화대상전 서양화 특선 수상
· 제41회 국제현대미술대전 서양화 동상 수상
· 제41회 국제현대미술대전 서양화 입상
· 제13회 국제친환경현대미술대전 서양화 특선 수상
· 제13회 국제친환경현대미술대전 서양화 입상
· 제38회 대한민국신미술대전 서양화 특선 수상
· 제56회 인천 미술대전 서양화 입상
· 2020 음성 명작페스티벌 회화 동상 수상
· 제1회 청송야송 미술대전 서양화 특선 수상
· 제16회 온고을 미술대전 서양화 특선 수상
· 제5회 무궁화 서화대전 서양화 금상 수상
· 제41회 현대 미술대전 비구상 입상
· 제1회 청송야송 미술대전 서양화 특선 수상
· 제13회 힐링 미술대전 서양화 입상
· 제52회 전라북도 미술대전 서양화 특선 수상
· 제6회 모던아트 대상전 서양화 특선 수상
· 제5회 무궁화 서화대전 서양화 동상 수상

· 제5회 무궁화 서화대전 서양화 특선 수상
· 제8회 아트챌린저 서양화 특선 수상
· 제30회 어등 미술대전 서양화 입상
· 제48회 강원 미술대전 서양화 특선 수상
· 제48회 강원 미술대전 서양화 입상
· 제36회 무등 미술대전 서양화 입상
· 제24회 관악 현대미술대전 서양화 입상
· 2020 예끼마을 미술대전 서양화 입상
· 제1회 천성 문화예술대전 서양화 특선 수상
· 제1회 천성 문화예술대전 서양화 입상

· 한국시연구회 이사
·《한국아동문학》 동화분과위원장
·《녹색문단》 이사
·《문학사랑신문》 고문
· 한국노벨재단 이사
· 서울예술상 문학 대상 수상
· 대중문화예술 대상 수상
· 미술작가상 수상
· 사랑비 미술 대상 수상
· 예술 훈장상 수상
· 공로 훈장상 수상
· 문화 훈장상 수상
· 출판 훈장상 수상
· 미술 훈장상 수상
· 문학 훈장상 수상
· 수필 훈장상 수상
· 국민 공로상 수상
· 세계 평화상 수상
· 사회 봉사상 수상
· 무궁화 훈장상 수상

· 전시 훈장상 수상
· 문학평론 훈장상 수상
· 한국문학지도자 훈장상 수상
· 번역 훈장상 수상
· 8·15 예술대상 수상
· 재능나눔공헌 대상 수상
· 서울특별시의원 의장상 수상
· 광주문인협회 특별공로상 수상
· 광주시인협회 공로상 수상
· 광주광역시장 공로 표창장 수상
· 뉴스투데이(2010년 5월호) 커버스토리
· 위대한 대한민국인(2020년 10월호) 커버스토리
· 전국 박덕은 백일장 개최

· 부드런 문학회 지도 교수
· 향그런 문학회 지도 교수
· 방그레 문학회 지도 교수
· 푸르른 문학회 지도 교수
· 탐스런 문학회 지도 교수
· 싱그런 문학회 지도 교수
· 둥그런 문학회 지도 교수
· 온스런 문학회 지도 교수
· 떠오른 문학회 지도 교수
· 포시런 문학회 지도 교수
· 꽃스런 문학회 지도 교수
· 꿈스런 문학회 지도 교수
· 예스런 문학회 지도 교수
· 참다운 문학회 지도 교수
· 씨밀레 문학회 지도 교수
· 바로 문학회 지도 교수

· 중앙일보 신춘문예 문학평론 당선
· 전남일보(現:광주일보) 신춘문예 동화 당선
· 새한일보 신춘문예 시 당선
· 동양문학 신춘문예 시 당선
· 김해일보 시민문예 남명문학상 시 당선(제1회)
· 창조문학신문 신춘문예 성시 당선
· 사이버 중랑 신춘문예 시 당선
· 경북일보 호미 문학상 수필 당선
·《시문학》 시 추천 완료
·《문학공간》 소설 추천신인상 수상
·《문학세계》 희곡 신인문학상 수상
·《아동문예》 소년소설 신인문학상
·《문예사조》 수필 신인문학상 수상
·《시와 시인》 시조 청학신인상 수상
·《아동문학평론》 동시 신인문학상
·《아동문학》 동시 신인문학상 수상
·《문학공간》 본상(장편소설) 수상
· 위대한 대한민국 국민대상(문학발전부문) 수상
· 대한민국 창작집 출판 대상 수상
· 김현승 문학상 수상
· 항공 문학상 우수상(시) 수상
· 여수해양 문학상(시) 수상
· 문학세계 문학상 대상(동화) 수상
· 타고르 문학상 작품상(시) 수상
· 타고르 문학상 대상(문학평론) 수상
· 윤동주 문학상 대상(문학평론) 수상
· 윤동주 문학상 우수상(시) 수상
· 모산문학상 대상(시) 수상
· 대한시협 문학상 대상(수필) 수상
· 시인마을 문학상 대상(시) 수상
· 문화예술 대상 수상

- 제헌절 문학상 대상(시) 수상
- 문학사랑 문학상 대상(시) 수상
- 한하운 문학상(시) 수상(제1회)
- 계몽사 아동문학상(동시) 수상
- 사하 모래톱 문학상(수필) 수상
- 한국문예 문학상(시) 수상(제1회)
- 한국아동문화상(동시) 수상
- 한국아동문예상(동화) 수상
- 오은 문학상 특별 문학 대상(시) 수상
- 큰여수신문 문학상 특별 대상(시) 수상
- 광복절 문학상 대상(시) 수상
- 제헌절 문학상 대상(시) 수상
- 아동문예작가상(동시) 수상
- 광주문학상 수상(제1회)
- 전라남도 문화상 수상(제35회)
- 노계 문학상 이사장상(시) 수상
- 생활문예대상(수필) 수상
- 한양 도성 문학상(시) 수상
- 지구사랑 문학상(시) 수상
- 한화생명 문학상(시) 수상
- 경기 수필 문학상(수필) 수상
- 우리숲 이야기 문학상(수필) 수상
- 부산진 시장 문학상(시) 수상
- 이준 열사 문학상(시) 수상
- 안정복 문학상 은상(시) 수상(제1회)
- 커피 문학상 금상(시) 수상
- 독도 문학상(시) 수상
- 백두산 문학상(시) 수상
- 한라산 문학상(시) 수상
- 금강산 문학상(시) 수상
- 연해주 문학상(시) 수상

· 대동강 문학상(시) 수상
· 진달래 문학상 시 대상 수상
· 한민족문예제전 최우수상(시) 수상
· 공주 시립도서관 문학상(시) 수상
· 아리 문학상(수필) 수상
· 인문학 문학상(수필) 수상
· E마트 문학상(수필) 수상
· 샘터 시조 문학상(시조) 수상
· 이야기 문학상(수필) 수상
· 부산문화글판 공모전 수상
· 정읍 문학상(시) 수상
· 효 문화 콘텐츠 문학상 우수상(시) 수상
· 삼행시 문학상 은상(시) 수상(제1회)
· 샘터 수필 문학상(수필) 수상
· 대한민국 수필대전 대상 수상
· 한강 문학상 대상 수상
· 한강 거리전시 시비 대상 수상
· 한강 문학상 문학평론 대상 수상
· 겨울눈꽃 문학상 수상
· 하늘꽃 문학상 수상
· 대한민국 창작대전 시화 대상 수상
· 대한민국 창작대전 수필 대상 수상
· 이병주 하동 디카시 국제 문학상 수상(제1회)
· 경남 고성 디카시 문학상 수상(제1회)
· 서울 디카시 문학상 수상(제1회)
· 현대시문학상 디카시 문학상 수상(제1회)
· 사랑비 디카시 문학상 대상 수상(제1회)
· 《문학공간》 디카시 문학상 대상 수상(제1회)
· 오은문학 디카시 문학상 대상 수상(제1회)
· 봉평 디카시 대전 대상 수상(제1회)
· 철쭉꽃 문학상 디카시 대상 수상(제1회)

· 소망나비 디카시대전 대상 수상(제1회)
· 대동강 디카시대전 대상 수상(제1회)
· 대한민국 창작대전 디카시 문학상 대상 수상
· 디카시 훈장상 수상(제1회)
· 윤동주별문학상(시) 수상
· 사육신 문학상(시) 수상
· 삼보 문학상(시) 수상
· 황금펜 문학상(시) 수상
· 한미 문학상(시) 수상
· 황금찬 문학상(시) 수상
· 유관순 문학상(시) 수상
· 시조 문학상(시조) 수상
· 한강 문학상(시) 수상
· 청계 문학상(시) 수상
· 세종문예 문학상(시) 수상
· 남명문화제 시화문학상(제3회) 국회의원상 수상
· 시인이 되다 빛창 문학상(시) 수상
· 제헌절 삼행시 대상(삼행시) 수상
· 국민행복여울 문학상 금상(삼행시) 수상
· 전국 기록사랑 백일장 금상(시) 수상
· 전국 상록수 백일장 장원(시) 수상
· 전국 김영랑 백일장 대상(시) 수상
· 전국 밀양아리랑 백일장 장원(시) 수상
· 전국 김소월 백일장 준장원(시) 수상
· 전국 박용철 백일장 특선(시) 수상
· 전국 박용철 백일장 특선(수필) 수상
· 전국 영산강 백일장 우수상(시) 수상
· 전국 서래섬배 (시) 수상
· 전국 평택사랑 백일장(시) 수상
· 전국 만해 한용운 백일장(시) 수상
· 전국 이효석 백일장(수필) 수상

· 전국 한강 백일장 장원(시) 수상
· 전국 미당 서정주 백일장(시) 수상
· 글나라 백일장 우수상(수필) 수상

· 문학이론서 『현대시창작법』 등 12권, 시집 [당신』 등 26권, 수필집 창문을 읽다』 등 4권, 소설집 황진이의 고독』 등 7권, 아동문학서 살아 있는 그림』 등 11권, 번역서 소설의 이론』 등 5권, 건강서 미네랄과 비타민』 등 5권, 교양서 세계를 빛낸 사람들』 등 59권, 총 저서 124권 발간

★박덕은의 저서 발간 현황

＊박덕은 문학 이론서 발간 현황

제1문학이론서 『현대시창작법』
제2문학이론서 『현대 소설의 이론』
제3문학이론서 『문학연구방법론』
제4문학이론서 『소설의 이론』
제5문학이론서 『현대문학비평의 이론과 응용』
제6문학이론서 『문체론』
제7문학이론서 『문체의 이론과 한국현대소설』
제8문학이론서 『한국현대소설의 이론과 적용』
제9문학이론서 『시의 이론과 창작』
제10문학이론서 『해금작가작품론』
제11문학이론서 『시인 신석정 연구』
제12문학이론서 『시 속에 흐르는 광주 정신』

＊ 박덕은 시집 발간 현황

제1시집 『바람은 시간을 털어낸다』
제2시집 『거시기』
제3시집 『무지개 학교』
제4시집 『케노시스』

제5시집 『길트기』
제6시집 『갇힘의 비밀』
제7시집 『소낙비 오는 정오에』
제8시집 『자유人.사랑人』
제9시집 『나찾기』
제10시집 『지푸라기』
제11시집 『동심이 흐르는 강』
제12시집 『자그만 숲의 사랑 이야기』
제13시집 『사랑한다는 것은』
제14시집 『느낌표가 머무는 공간』
제15시집 『그대에게 소중한 사랑이 되어·1』
제16시집 『그대에게 소중한 사랑이 되어·2』
제17시집 『둥지 높은 그리움』
제18시집 『곶감 말리기』
제19시집 『사랑의 블랙홀』
제20시집 『나는 그대에게 늘 설레임이고 싶다』
제21시집 『내 가슴이 사고 쳤나 봐』
제22시집 『당신』
제23시집 『나는 매일 밤 바람과 함께 사라진다』
제24시집 『Happy Imagery』
제25시집 『독도』
제26시집 『당신의 저녁이 되고픈 날』

＊박덕은 수필집 발간 현황
제1수필집 『창문을 읽다』
제2수필집 『Read a window』
제3수필집 『5·18』
제4수집필 『바닥의 힘』

＊박덕은 소설집 발간 현황
제1소설집 『죽음의 키스』

제2소설집 『양귀비의 고백』(풍류여인열전·1)
제3소설집 『황진이의 고독』(풍류여인열전·2)
제4소설집 『일타홍의 계절』(풍류여인열전·3)
제5소설집 『이매창의 사랑일기』(풍류여인열전·4)
제6소설집 『서울아라비안나이트』
제7소설집 『금지된 선택』

＊박덕은 번역서 발간 현황
제1번역서 『소설의 이론』
제2번역서 『철학의 향기』
제3번역서 『사랑하는 사람 가슴에 심어주고픈 말』
제4번역서 『철학자의 터진 옷소매』
제5번역서 『세계 반란사』

＊박덕은 아동문학서 발간 현황
제1아동문학서 『살아있는 그림』
제2아동문학서 『3001년』
제3아동문학서 『무지개학교』
제4아동문학서 『동심이 흐르는 강』
제5아동문학서 『곶감 말리기』
제6아동문학서 『서울 걸리버 여행기』
제7아동문학서 『돼지의 일기』
제8아동문학서 『해외 신화』
제9아동문학서 『마녀 헤르소의 모험』(상)
제10아동문학서 『마녀 헤르소의 모험』(하)
제11아동문학서 『들개의 길』

＊박덕은 교양서 발간 현황
제1교양서 『해학의 강』
제2교양서 『바보 성자』
제3교양서 『미네르바의 부엉이는 황혼녘에 날은다』

제4교양서 『멋진 여자, 멋진 남자』
제5교양서 『우화 천국』
제6교양서 『나만 불행한 게 아니로군요』
제7교양서 『나만 행복한 게 아니로군요』
제8교양서 『나만 어리석은 게 아니로군요』
제9교양서 『행복한 바보 성자』
제10교양서 『느낌이 있는 꽃』
제11교양서 『흔들림이 있는 나무』
제12교양서 『사랑하는 사람 가슴에 심어주고픈 말』
제13교양서 『철학의 향기』
제14교양서 『철학가의 터진 옷소매』
제15교양서 『창녀에서 수녀까지, 건달에서 황제까지』
제16교양서 『무희에서 스타까지, 게이에서 성자까지』
제17교양서 『사랑의 향기』
제18교양서 『황제방중술』
제19교양서 『우리 역사의 난』
제20교양서 『명작 속 명작』
제21교양서 『쉽고 재미있는 철학 이야기』(1)
제22교양서 『쉽고 재미있는 철학 이야기』(2)
제23교양서 『쉽고 재미있는 철학 이야기』(3)
제24교양서 『역사 속 역사』
제25교양서 『세계 반란사』
제26교양서 『한국 반란사』
제27교양서 『행복을 위한 작은 책』
제28교양서 『세계 명사들의 러브 스토리』
제29교양서 『나의 가장 소중한 사람에게』
제30교양서 『세계를 빛낸 과학자』
제31교양서 『세계를 빛낸 정치가』
제32교양서 『세계를 빛낸 명장』
제33교양서 『세계를 빛낸 탐험가』
제34교양서 『세계를 빛낸 미술가』

제35교양서 『세계를 빛낸 음악가』
제36교양서 『세계를 빛낸 문학가』
제37교양서 『세계를 빛낸 철학가』
제38교양서 『세계를 빛낸 사상가』
제39교양서 『세계를 빛낸 공연가』
제40교양서 『해외 신화』
제41교양서 『읽으면 행복한 책』
제42교양서 『세기의 로맨스·1』
제43교양서 『세기의 로맨스·2』
제44교양서 『세기의 로맨스·3』
제45교양서 『세기의 로맨스·4』
제46교양서 『우리 명작 소설 50선』
제47교양서 『세계를 움직이는 명작 소설 50선』
제48교양서 『이솝 우화』(공저)
제49교양서 『나는 화려한 물음표보다 정직한 느낌표를 만드는 사람이 더 좋다』
제50교양서 『신은 우리의 키스 속에도 있다』
제51교양서 『대학가의 해학퀴즈 모음집』
제52교양서 『뻥따일보』
제53교양서 『도토리 서 말』
제54교양서 『위트』
제55교양서 『청춘이여 생각하라』
제56교양서 『성공 DNA』 제1권
제57교양서 『성공 DNA』 제2권
제58교양서 『마음을 비우는 지혜』
제59교양서 『신은 우리 키스 속에도 있다』

＊박덕은 건강서 발간 현황

제1건강서 『내 몸에 꼭 맞는 영양 가이드』
제2건강서 『비타민과 미네랄, & 떠오르는 영양소』
제3건강서 『내 몸에 꼭 맞는 다이어트-제1권 비만 원인』
제4건강서 『내 몸에 꼭 맞는 다이어트-제2권 비만 탈출』

제5건강서 『내 몸에 꼭 맞는 항암 식품』

• 이상 총 저서 124권 발간

Park Deok-eun's profile

☎ Repubiken Korea +82-10-4606-5673
*E-mail; herso@hanmail.net
· Born July 8, 1952
· Born in Hwasun, Jeollanam-do, South Korea

· Jeonbuk National University's Doctor of Literature
· Ex) Professor at Jeonnam National University
· Ex) Jeonnam National University, Director of Department of Korean Language and Literature

· Current) Vice President of Korean Poets Association
· Current) Hansil Literature Creation Professor
· Current) Saehan Ilbo Editorial Writer
· Current) Essay serialization in JeonnamMaeil newspaper
· Current) GwangjuMaeil newspaper critique serialization
· Literature Master of Asian
· Poet
· Novelist
· Literature Critic
· Playwright
· Fairy tale Writer
· Essayist
· Sijo Poet
· Poet for Children

· Photographer
· Photo Exhibition (Once)

· Grand Prize in Photography at the 1st Korea Arts and Culture Competition

· 17th International Comprehensive Art Competition Grand Prize
· The 42nd Korea Contemporary Art Competition Photography Gold Award
· The 24th Korea Contemporary Art Competition Photography Special Award
· The 41st Contemporary Art Contest Photography Award
· National Happiness Photo Contest Grand Prize
· Han River Photo Contest Grand Prize Winner
· 2022 Han River Photo Contest Grand Prize Winner
· Photographer Award

· Painter
· Park Deok-eun Solo Exhibition of Western painting
· Park Deok-eun Invitation Exhibition (3 times)
· Park Deok-eun Western painting, Team Exhibition (50 times)
· Individual Exhibition of Insa Art Plaza Gallery in Insa-dong, Seoul.
· Namchon Art Museum, Park Deok-eun Invitation Exhibition for Western painting.
· Jeongeup City, Professor Park Deok-eun Drawing Invitation Exhibition
· Gwangju Family Sports Park Gallery, Park Deok-eun, Invitation Exhibition
· Korea Labor Culture and Art Association, Invitation Artist
· Korea's Famous Artists Exhibition, Invitation Artist
· Federation of Korean Culture and Artist, Recommended Artist
· 9th Korea Art Competition Grand Prize
· 33rd Korea Labor Culture and Art Festival Art Competition Grand Prize
· 22nd Artist of the Year Invitational Exhibition Grand Prize (Korean Artist Prize)
· 17th International Art Competition Grand Prize
· 48th L.A. Awarded Grand Prize in Art Competition
· International Contemporary Art Artist Exhibition, Grand Prize Winner
· 2021 Biennale Art Exhibition, Grand Prize Winner

· 9th Korea Creative Culture and Art Competition, Western Painting, Grand Prize Winner
· 2022 Grand Prize at the Hangang Culture and Arts Competition - the Order of Art
· 2021 Grand Prize at National Happiness Art Contest
· 2020 Jeju International Museum of Art, Uchae Flower Art Exhibition, Grand Prize Winner
· 2022 Yeoul Art Competition Grand Prize
· 2022 Hope Butterfly Art Contest Grand Prize
· 17th International Comprehensive Art Competition Gold Award
· 17th International Comprehensive Art Competition Excellence Award
· 17th International Comprehensive Art Competition Special Selection (1) Award
· 17th International Comprehensive Art Competition Special Selection (2) Award
· 46th Chungcheongbuk-do Art Exhibition Award, Western Painting, Gold Prize Winner
· 2021 Korea Han Seokbong Art Contest, Gold Prize Winner
· 2021 Korea Han Seokbong Art Contest, Silver Prize Winner
· 2022 Daedonggang Art Competition Grand Prize Winner
· 17th Peace Art Contest, Western Painting, Winner (1)
· 17th Peace Art Contest, Western Painting, Winner (2)
· 53rd Jeollabuk-do Art Exhibition, Western Painting, Special Prize Winner
· 14th Korea Nakdong Art Contest, Western Painting, Special Prize Winner
· 14th Korea Nakdong Art Contest, Western Painting, Winner
· 9th Korea Creative Culture and Art Contest, Western Painting, Special Prize Winner
· 2021 Korea Butterfly Art Contest, the Korean Art Association Prize Winner
· 12th March 15th Art Contest, Western painting, Winner
· 2021 Korea Life Art Contest, Western Painting, Special Prize Winner
· 2021 Korea Life Art Contest, Western painting, Winner

- 10th International Giro Art Contest, Western Painting, Gold Prize Winner
- 6th Mugunghwa Calligraphy Contest, Western Painting, Gold Prize Winner
- 6th Mugunghwa Calligraphy Contest, Western Painting, Special Prize Winner (1)
- 6th Mugunghwa Calligraphy Contest, Western Painting, Special Prize Winner (2)
- 19th Korea Painting Contest, Western Painting, Special Prize Winner
- 19th Korea Painting Contest, Western Painting, Special(Specific) Prize Winner
- 41st International Contemporary Art Contest, Western Painting, Bronze Prize Winner
- 41st International Contemporary Art Contest, Western Painting, Winner (1)
- 41st International Contemporary Art Contest, Western Painting, Winner (2)
- 41st International Contemporary Art Contest, Western Painting, Winner (3)
- 41st International Contemporary Art Contest, Western Painting, Winner (4)
- 13th International Eco-Friendly Contemporary Art Contest, Western Painting, Special Prize Winner
- 13th International Eco-Friendly Contemporary Art Contest, Western painting, Winner
- 38th Korea New Art Contest, Western Painting, Special Prize Winner
- 56th Incheon Art Contest, Western painting, Winner
- 2020 Eumseong Masterpiece Festival, Bronze Prize Winner
- 1st Cheongsong Yasong Art Contest, Western Painting, Special Prize Winner
- 16th Ongoeul Art Contest, Western Painting, Special Prize Winner
- 5th Mugunghwa Calligraphy Contest, Western Painting, Gold Prize Winner
- 41st Modern Art Contest, Non-concrete Painting, Winner
- 13th Healing Art Contest, Western Painting, Special Prize Winner
- 52nd Jeollabuk-do Art Contest, Western Painting, Special Prize Winner

· 6th Modern Art Contest, Western Painting, Special Prize Winner
· 5th Mugunghwa Calligraphy Contest, Western Painting, Bronze Prize Winner
· 5th Mugunghwa Calligraphy Contest, Western Painting, Special Prize Winner
· 8th Art Challenger, Western Painting, Special Prize Winner (1)
· 8th Art Challenger, Western Painting, Special Prize Winner (2)
· 30th Eodeung Art Contest, Western painting, Winner
· 48th Gangweon Art Contest, Western Painting, Special Prize Winner
· 48th Gangweon Art Contest, Western Painting, Winner
· 36th Mudeung Art Contest, Western painting, Winner
· 24th Gwanak Contemporary Art Contest, Western painting, Winner
· 2020 Yekki Village Art Contest, Western Painting, Winner
· 1st Cheonseong Culture and Art Contest, Western Painting, Special Prize Winner
· 1st Cheonseong Culture and Art Contest, Western Painting, Winner

· Director of the Korean Poetry Research Association
· Korean Children's Literature, Fairy Tale Subcommittee Chairman
· Director of Green Literature
· Literature Love Newspaper Advisor
· Director of the Korea Nobel Foundation
· Seoul Arts Awards Literature Grand Prize
· Popular Culture and Arts Grand Prize Winner
· Winning the Artist Award.
· Love Rain Art, Grand Prize Winner
· Order of Essay Award Winner
· Order of Azalea Award Winner for Literature
· Order of Merit Award Winner
· Order of Cultural Merit Award Winner
· Order of Merit for Publishing Award Winner

· Awarded the Order of Mugunghwa of Korea
· Exhibition decoration award
· Literary Criticism Medal
· Korean Literature Leader Medal of Merit
· Translation Medal
· Awarded the Order of Translation
· Talent Sharing Contribution Grand Award Winner
· Western Painting Medal Award
· Photo Medal award
· National Achievement Award Winner
· World Peace Award Winner
· 8.15 Art Grand Prize
· Social Service Award Winner
· The Seoul City Council Chairman's Award
· The Gingju Writers Association Special Achievement Award
· The Gwangju City Writers Association's Contribution Award
· Gwangju Metropolitan City Mayor Awarded for Achievement.
· [News Today] (May 2010 issue) Cover Story
· [The Great Korean] (2020 October issue) Cover Story.

· Budreon Literature Society Instructor Professor
· Hyangreon Literature Society Instructor Professor
· Purreun Literature Society Instructor Professor
· Tamsreon Literature Society Instructor Professor
· Singgreon Literature Society Instructor Professor
· Dunggreon Literature Society Instructor Professor
· Onsreon Literature Society Instructor Professor
· Ddeoreun Literature Society Instructor Professor
· Fosireon Literature Society Instructor Professor
· Ggotsreon Literature Society Instructor Professor
· Yessreon Literature Society Instructor Professor

· Chamdaun Literature Society Instructor Professor
· Simile Literature Society Instructor Professor
· Baro Literature Society Instructor Professor
· National Park Deok-eun Literary Contest Opening

· [Jungang Ilbo] New Year Literature Award Winner (Review)
· [Jeonnam Ilbo] (Current: Gwangju Ilbo) New Year Literature Award Winner (Fairy Tale)
· [Saehan Ilbo] New Year Literature Award Winner (Poetry)
· [Dongyang Literature] New Year Literature Award Winner (Poetry)
· [Kimhae Ilbo] Citizen Literature Nammyeong Literature Award winner (the 1st)
· [Changjo Literature Newspaper] New Year Literature Award Winner
· [Cyber Jungrang] New Year Literature Award Winner (Poetry)
· [Gyeongbuk Ilbo] Homie Literature Award Winner (Essay)
· [Poetry literature] Poetry Recommendation completed.
· [Literature Space] Winning the Rookie of the Year Award for Novel Recommendation Award.
· [World of Literature] Rookie of the Year Literature Award (Play)
· [Children's Literature] Boy Novel Rookie Literature Award
· [Literature Trend] Rookie Literature Award (Essay)
· [Poet and Poem] Cheonghak Rookie of the Year Award (Sijo)
· [Children's Literature Review] Rookie Literature Award (Children Poetry)
· [Children's Literature] Rookie of the Year Award (Children Poetry)
· [Literature space] Main Prize Winner (Full-length Novel).
· Greatest Korean Award Prize Winner (Literature Development Division)
· The Grand Prize in Korea Creative Book Publication
· Korea Peace Literature Award Grand Prize
· Kim Hyun-seung Literary Award
· Aviation Literature Award Winner
· Yeosu Maritime Literature Award Winner (Poetry)

· Literature World Literature Award Winner (Fairy Tale)
· Tagore Literature Award, A Prize Winner For Works (Poetry)
· Tagore Literature Award, Grand Prize Winner (literature Review)
· Yun Dongju Literature Award, Grand Prize Winner (Literature Review)
· Yun Donju Literature Award, Good Prize Winner (Poetry)
· Mosan Literature Award, Grand Prize Winner (Poetry)
· Korean Poetry Association Literature Award, Grand Prize Winner (Essay)
· [Poet Village] Literary Award Grand Prize(Poetry)
· Culture and Art Award, Grand Prize Winner
· Constitution Day Literature Award, Grand Prize Winner (Poetry)
· Literature Love Literature Award, Grand Prize winner (Poetry)
· Hanhaun Literature Award Winner (Poetry) (the 1st)
· Gyemongsa, Children's Literature Award Winner (Poetry)
· Saha Sandbar Literature Award Winner (Essay)
· Korean Literature, Literature Award Winner (Poetry) (1st)
· Korean Children's Culture Award Winner (Children Poetry)
· Korean Children's Literary Award Winner (Fairy Tale)
· Oheun Literature Award, Special Literature Grand Prize Winner (Poetry).
· Big Yeosu Newspaper Literature Award, Special Grand Prize Winner
· Liberation Day Literature Award, Grand Prize Winner (Poetry)
· Constitution Day Literature Award, Grand Prize Winner (Poetry)
· Children's Literary Artist Award Winner(Children Poetry)
· Gwangju Literature Award Winner (the 1st)
· Jeollanam-do Culture Award Winner
· Nogye Literature Award, Chairman of the Board Award Winner (Poetry)
· Life Literary Art Award Winner (Essay)
· Hanyang City Literature Award Winner (Poetry)
· Earth Love Literature Award Winner (Poetry)
· Hanwha Life Insurance Literature Award Winner (Poetry)
· Gyeonggi Essay Literature Award Winner (Essay)
· Our Forest Story Literature Award Winner (Essay)

· Busanjin Market Literature Award Winner (Poetry)
· Lee Joon Patriot Literature Award Winner (Poetry)
· Ahn Jeongbok Literature Award, Silver Prize Winner (Poetry) (1st)
· Coffee Literature Award, Gold Prize Winner (Poetry)
· Dokdo Literature Award Winner (Poetry)
· Baekdusan(Mt) Literature Award Winner (Poetry)
· Hallasan(Mt) Literature Award Winner (Poetry)
· Geumgangsan(Mt) Literature Award Winner (Poetry)
· Yeonhaejoo Literature Award Winner (Poetry)
· Daedong-gang(River) Literature Award Winner (Poetry)
· Poetry Grand Prize at the Azalea Literary Award
· Korean literature Festival, Grand Prize Winner (Poetry)
· Gongju City Library Literature Award Winner (Poetry)
· Ari Literature Award Winner (Essay)
· Humanities Literature Award Winner (Essay)
· E-Mart Literature Award Winner (Essay)
· Saemteo Sijo Literature Award Winner (Sijo).
· Story Literature Award Winner (Essay)
· Busan Culture Geulpan(Writing Board) Contest Winner
· Jeongeup Literature Award (Poetry)
· Hyo(Filial Piety) Culture Contents Literature Award, Good Prize Award Winner (Poetry)
· Three-lined Poem Literature Award, Silver Prize Winner (Poetry) (1st)
· Saemteo Essay Literature Award Winner (Essay)
· Korea Essay Contest Grand Prize Winner
· Han River Literary Award Grand Prize Winner
· Received Grand Prize at Hangang Street Exhibition
· Received the Grand Prize in Literature Criticism at the Hangang Literary Award Winner
· Winter Snow Flower Literature Award Winner
· Sky Flower Literary Award Winner

- 2022 Korea Creative Exhibition Sihwa Grand Prize Winner
- 2022 Korea Creative Contest Essay Grand Prize Winner
- Lee Byeongjoo Hadong International Dicasi Literature Award Winner (1st)
- Gyeongnam Goseong Dicasi Literature Award Winner (1st)
- Seoul Dicasi Literature Award Winner (1st)
- Hyundai Poetry Literature Award, Dicasi Literature Award Winner (1st)
- Sarangbi Dicasi Literature Award, Grand Prize Winner (1st)
- [Oh Eun Literature] The Dicasi Literary Award Winner (1st)
- [Literary Space] The Dicasi Literary Award Winner (1st)
- Bongpyeong Dicasi competition Grand Prize Winner (1st)
- Cheoljjug Literary Award Dicasi Grand Prize Winner (1st)
- The Grand Prize of the Decasi Literary Award at the Korea Creative Arts Award Winner
- The Order of Merit from Dicasi Winner (1st)
- 2022 Hope Butterfly Dikasi Grand Prize Winner (1st)
- Daedonggang Dikasi Competition Grand Prize (1st)
- Yun Dongju Star Literature Award Winner (Poetry)
- Sayuksin(Dead Six Martyrs) Literature Award Winner (Poetry)
- Sambo Literature Award Winner (Poetry)
- Golden Pen Literature Award Winner (Poetry)
- Hanmie Literature Award Winner (Poetry)
- Whang Geumchan Literature Award Winner (Poetry)
- Yu Gwansun Literature Award Winner (Poetry)
- Sijo Literature Award Winner (Sijo)
- Han-gang(River) Literature Award Winner (Poetry)
- Cheonggye Literature Award Winner (Poetry)
- Sejong Literature Award Winner (Poetry)
- 'Becomes a Poet', Bitchang Literature Award Winner (Poetry)
- Three-lined poem, on the Constitution Day, Grand Prize Winner (Poetry)
- National Happiness Yeoul Literature Award, Gold Prize Winner (Three-lined Poem)

· National Record Love Literary Contest, Gold Prize Winner (Poetry)
· National Evergreen Literary contest, Grand Prize Winner (Poetry)
· National Kim Yeongrang Literary Contest, Grand Prize Winner (Poetry)
· National Miryang Arirang Literary Contest, Grand Prize Winner (Poetry)
· National Kim Soweol Literary Contest, Semi-grand Prize Winner (Poetry)
· National Park Yongcheol Literary Contest, Special Prize Winner (Poetry)
· National Park Yongcheol Literary Contest, Special Prize Winner (Essay)
· National Yeongsangang(River) Literary Contest, Good Prize Award Winner (Poetry)
· National Seorae Island Award Winner (Poetry)
· National Pyeongtaek Love Literary Contest Winner (Poetry)
· National Manhae Han Yongun Literary Contest, Winner (Poetry)
· National Lee Hyoseok Literary Contest Winner (Poetry)
· National Hangang(River) Literary Contest, Grand Prize Winner (Poetry)
· National Midang Seo Jeongju Literary Contest Winner (Poetry)
· Geulnara Literary Contest, Good Prize Winner (Essay)

12 books of literature theory books such as 『 The spirit of Gwangju flowing in poetry』, 26 books of poetry such as 『 Happy Imagery』, 4 essay books such as 『Read a Window』, 7 books of novels such as 『Hwang Jin-i's Solitude』, 11 books of children's literature such as 『Living Picture』, 5 books of translations such as 『Theory of Novels』, and 5 health books such as 『Mineral and Vitamin』, and 59 culture books such as 『People Who Shined the World』, Totally 124 books have been published so far.

★ Status of Park Deok-eun's Book Publications

＊Park Deok-eun」s Literature Theory Publication Status
1st Literature Theory 『Modern Poetry Creation Method』
2nd Literature Theory 『Theory of Modern Novels』

3rd Literature Theory 『Literature Research Methodology』
4th Literature Theory 『Theory of Novels』
5th Literature Theory 『Theories and Applications of Modern Literature Criticism』
6th Literature Theory 『Theory of Style』
7th Literature Theory 『Theories of Style and Modern Korean Novels』
8th Literature Theory 『Theory and Application of Modern Korean Novels』
9th Literature Theory 『Theory and Creation of Poetry』
10th Literature Theory 『Theology of Haegeum Writers』
11th Literature Theory 『Poet Shin Seok Jeong Study』
12th Literature Theory 『The spirit of Gwangju flowing in poetry』

***Status of Park Deok-eun's Poetry Collection**
1st Collection of Poems, 『The Wind Shakes Off Time』
2nd Collection of Poems, 『Geosigi』
3rd Collection of Poems, 『Rainbow School』
4th Collection of Poems, 『Kenosis』
5th Collection of Poems, 『The Road Opening』
6th Collection of Poems, 『Secret of Confinement』
7th Collection of Poems, 『At Noon Raining Shower』
8th Collection of Poems, 『Free Person, Love Person』
9th Collection of Poems, 『Finding Me』
10th Collection of Poems, 『Straw』
11th Collection of Poems, 『A River Where Childhood Heart Flows』
12th Collection of Poems, 『Love Story of the Small Forest』
13th Collection of Poems, 『To Love You Is』
14th Collection of Poems, 『Space where the exclamation mark stays』
15th Collection of Poems, 『Becoming Precious Love To You. Vol.1』
16th Collection of Poems, 『Becoming Precious Love To You. Vol.2』
17th Collection of Poems, 『Missing Nest Is High』
18th Collection of Poems, 『Drying Dried Persimmons』

19th Collection of Poems, 『Black Hole of Love』
20th Collection of Poems, 『I Always Want to Be Excited To You』
21st Collection of Poems, 『My Heart Must Have Caused an Accident』
22nd Collection of Poems, 『You』
23rd Collection of Poems, 『I Disappear With the Wind Every Night』
24th Collection of Poems, 『Happy Imagery』
25th Collection of Poems, 『Dokdo』
26th Collection of Poems, 『The day I want to be your evening』

<Status of Park Deok-eun's Essay Collection』
1st Essay Book, 『Read a Window·1』
2nd Essay Book, 『Read a Window·2』
3nd Essay Book, 『5 • 18』
4th Essay Book, 『Power of the floor』

* Status of Park Deok-eun's Novel Publication
1st Novel, 『Kiss of Death』
2nd Novel, 『Confession of Yangguibi』
(Several Stories of Pungryu(Refined Taste) Women) Vol.1
3rd Novel, 『Hwang Jin-i's— Solitude』
(Several Stories of Pungryu Women) Vol.2
4th Novel, 『The Season of Ilta Hong』
(Several Stories of Pungryu Women) Vol.3
5th Novel, 『Lee Mae-chang's Love Diary』
(Several Stories of Pungryu Women) Vol.4
6th Novel, 『Seoul Arabian Night』
7th Novel, 『Forbidden Choice』

* Park Deok-eun's Translation Publication Status
Translation 1, 『Theory of Novels』
Translation 2, 『Scent of Philosophy』

Translation 3, 『Words I Want to Say to the Heart of the Person I Love』
Translation 4, 『Philosopher's Bursted Sleeves』
Translation 5, 『World Rebellion History』
Translation 6, 『Korean Rebellion History』

＊Park Deok-eun's Publication Status of Children's Literature Books
1st Children's Literature Book, 『Living Picture』
2nd Children's Literature Book, 『3001 Years』
3rd Children's Literature Book, 『Rainbow School』
4th Children's Literature Book, 『River Where Childhood Heart Flows』
5th Children's Literature Book, 『Drying Dried Persimmons』
6th Children's Literature Book, 『Gulliver's Travels In Seoul』
7th Children's Literature Book, 『Pig's Diary』
8th Children's Literature Book, 『Foreign Mythology』
9th Children's Literature Book, 『The Adventure Of the Witch Herso』 Vol.1
10th Children's Literature Book, 『The Adventure Of the Witch Herso』 Vol.2b
11th Children's Literature Book, 『The Road of wild dogs』

＊Status of Park Deok-eun's Publication of Liberal Arts Books
1st Liberal Arts Book, 『The River of Comics』
2nd Liberal Arts Book, 『Silly Saint』
3rd Liberal Arts Book, 『The Owl of Minerva Flies at Twilight』
4th Liberal Arts Book, 『Cool Woman, Cool Man』
5th Liberal Arts Book, 『Fable Heaven』
6th Liberal Arts Book. 『I'm Not the Only One Who's Unhappy』
7th Liberal Arts Book. 『I'm Not the Only One Who's Happy』
8th Liberal Arts Book. 『I'm Not the Only One Who's Foolish』
9th Liberal Arts Book, 『Happy Silly Saint』
10th Liberal Arts Book, A Flower with Feeling

11th Liberal Arts Book, A Tree with Shaking
12th Liberal Arts Book, Words I want to plant in the heart of my loved one
13th Liberal Arts Book, 『Scent of Philosophy』
14th Liberal Arts Book, 『Philosopher's Burst Sleeves』
15th Liberal Arts Book, 『From Prostitute to Sister, From Idler to Emperor』
16th Liberal Arts Book, 『From Muse to Star, From Gay to Saint』
17th Liberal Arts Book, 『Scent of Love』
18th Liberal Arts Book, 『Emperor's How to Sex』
19th Liberal Arts Book, 『The Rebellion of Our History』
20th Liberal Arts Book, 『Masterpiece in Masterpieces』
21st Liberal Arts Book, 『Easy and Fun Philosophy Story』 Vol.1
22nd Liberal Arts Book, 『Easy and Fun Philosophy Story』 Vol.2
23rd Liberal Arts Book, 『Easy and Fun Philosophy Story』 Vol.3
24th Liberal Arts Book, 『History in History』
25th Liberal Arts Book, 『World Rebellion History』
26th Liberal Arts Book, 『Korean Rebellion History』
27th Liberal Arts Book, 『Small Book for Happiness』
28th Liberal Arts Book, 『Love Story of World Celebrities』
29th Liberal Arts Book, 『To My Most Precious Person』
30th Liberal Arts Book, 『The Scientists Who Shined the World』
31st Liberal Arts Book, 『The Politicians Who Shined the World』
32nd Liberal Arts Book, 『The Masters Who shined the World』
33rd Liberal Arts Book, 『The Explorers Who Shined the World』
34th Liberal Arts Book, 『The Artists Who Shined the World』
35th Liberal Arts Book, 『The Musicians Who Shined the World』
36th Liberal Arts Book, 『The Literators Who Shined the World』
37th Liberal Arts Book, 『The Philosophers Who Shined the World』
38th Liberal Arts Book, 『The Thinkers Who Shined the World』
39th Liberal Arts Book, 『The Performers Who Shined the World』
40th Liberal Arts Book, 『Foreign Mythology』
41st Liberal Arts Book, 『A Book That Makes You Happy to Read』

42nd Liberal Arts Book, 『Romance of the Century』 Vol.1
43rd Liberal Arts Book, 『Romance of the Century』 Vol.2
44th Liberal Arts Book, 『Romance of the Century』 Vol.3
45th Liberal Arts Book, 『Romance of the Century Vol.4
46th Liberal Arts Book, 『Our 50 Best Masterpieces』
47th Liberal Arts Book, 『The 50 Best Works in the World』
48th Liberal Arts Book, 『Aesop's Fables』 (co-authored)
49th Liberal Arts Book, 『I Prefer an Honest Exclamation Mark to a Fancy Question Mark』
50th Liberal Arts Book, 『God Is in Our Kisses』
51st Liberal Arts Book, 『Collection of Comedy Quiz in College Street』
52nd Liberal Arts Book, 『Ppongdda Ilbo』
53rd Liberal Arts Book, 『Acorns of 3 Mal』
54th Liberal Arts Book, 『Wit』
55th Liberal Arts Book, 『Think! Youth』
56th Liberal Arts Book, 『Successful DNA』 Vol.1
57th Liberal Arts Book, 『Successful DNA』 Vol.2
58th Liberal Arts Book, 『Mind clearing Wisdom』
59th Liberal Arts Book, 『God is in our Kisses too』

*** Park Deok-eun's Health Book Publication Status**
1st Health Book, 『Nutrition Guide That Fits My Body』
2nd Health Book, 『Vitamin, Minerals, and Nutrients That Come up』
3rd Health Book, 『Diet That Fits My Body』 Vol.1 『Cause of Obesity』
4th Health Book, 『Diet That Fits My Body』 Vol.2 『Obesity Escape』
5th Health Book, 『Anti-cancer Food that fits My Body』

124 books have been published totally.

Professor Park Deok-eun, a doctor of literature born in Hwasun, Jeollanam-do, Korea, served as a professor at Jeonnam National University and director of the Department of Korean Language and Literature, and is currently a professor of Hansil Literature Creation and Afreeca TV BJ.

He is 'Jungang Ilbo' New Year Literature Award Winner (Review), 'Creative Literature Newspaper' New Year Literature Award Winner (Fairy Tale), 'Cyber Jungrang' New Year Literature Award Winner (Poetry), 'Saehan Ilbo' New Year Literature Award Winner (Poetry), 'DongYang Literature' New Year Literature Award Winner(Poetry), 'Kim Hae-Ilbo' Citizen Literature Award Winner(Poetry) as well as 'Gyeongbuk Ilbo' Homie Literature Award Winner, Mosan Literature Award Grand Prize Winner, 'Daehan Poetry Association' Literature Grand Prize Winner, 'Tagore Literature Award' Grand Prize Winner, 'Yun Dongju Literature Award' Grand Prize Winner, 'Literature World Literature Award' Grand Prize Winner(Fairy Tale), Aviation Literature Award Winner, Yeosu Marine Literature Award Winner, Gyeonggi Essay Literature Award Winner, Urisup Literature Award Winner, 'Busansjin Market Art Festival' Literature Award Winner, 'Saengwhal Literature' Grand Prize Winner, 'Ahn Jeongbok' Literature Award Winner, 'Deobureo Jeollanamdo' Culture Award Winner, Korean Children's Literature Award Winner, Gwangju Literature Award Prize, Gyemongsa Children's Literature Award Winner, Haun Literature Award Winner, Earth Love Literature Award Winner, 'Hanwha Life Insurance' Literature Award Winner.

He has totally published 124 books until now including 26 books of poetry like 『You』, 『I Disappear with the Wind Every Night』 and etc, 12 Literature Theory books including 『Modern Poetry Creation Method』,

4 essay book named 『Read the Window』, 11 Children's Literature books including 『Living Picture』, 59 books including 『People Who Shined the World』 series, 5 translation books including 『A Theory of Novel』, 7 books of novels including 『a Forbidden Choice』

Park Deok-eun, an advisor full of jest, wit, humor, and cleverness, exudes a variety of scents in 124 books refined by poet's passion and beliefs. And he is always busy refining his heart for poetry with 'people who love poetry' drunk on the scent. Writing poetry and loving literature, he is currently doing his best not only from Seoul, Gwangju, Naju, Sunchang, Jeongeup, Gokseong, but also to the United States, Vietnam, Japan, Angola, Dubai, and Canada to spread out his scent of poetry. Afreeca TV's 'Romantic President's Literature Talk'(over 1,670 times) has been broadcast without even a cancellation for eight years, and through 12 offline literature clubs he has been lecturing for 30 years. And he has produced 470 writers and won 1300 National Literature Awards.

Professor Park Deok-eun, a doctor of literature, made his literary debut with the recommendation of the Jeonnam Ilbo New Year Literature in 1980, the Joongang Ilbo New Year Literature in 1985, and the recommendation of the Poetry Literature magazine in 1984.

Professor Park Deok-eun announced 'Poet Shin Seok-jeong Rearch' eight times in the monthly magazine Literature Space from November 2019 to June 2020, gathered them together, published 'Poet Shin Seok-jeong Research'. And he announced monthly work theory for writers for more than 30 years, and published a total of 200 monthly works from issue 1 (September, 1989) to issue 370(September, 2021).

In addition, he won the 2nd Tagore Literature Award for 'Tagore Work Theory' in 'Literature Anthology' (issue 19) and the Yun Dongju Literature Award for 'Poet Yun Dongju Research' in 'Literature Anthology (issue 20).

In 2021, he also won the Mosan Literature Award for his poem 'Traditional Market and the Korean Poetry Industry Award for his essay 'Saw Shark and Anchovy'. He also has served as a lecturer at 13 literary societies on the front line, trained senior students in sentences, making their literary debut with more than 500 writers so far, and served as a literary coach who led them to win 1,000 national literary awards.

In addition, he continued to play as a painter and won the Korea Creative Culture and Art Exhibition Grand Prize, the International Contemporary Art Exhibition Grand Prize, the Biennale Art Exhibition Grand Prize, the International Comprehensive Art Exhibition Grand Prize, and the Artist Award and etc.

In addition, in 2020, 3,000 books of his 126 types, 50,000 general books, 25 bookshelves, 120 easels, and 250 of his paintings were donated to Jeongeup-si(city) Living Culture Center in Sintaein-eup, and he donated 200 paintings to Sunchang Sculpture Park to develop the cultural sensibility of culturally marginalized rural residents.

As such, Professor Park Deok-eun is a writer, scholar and artist who not only steadily and faithfully cultivates literary disciples and writers, but also donates several times throughout society. He gives our world good moving and happiness.

Thus, in May 2010, he was listed on the 'News Today' cover story, and in October 2020, he won the 'Great Korean National Award' (Literature Development Division) and was listed on the 'Great Korean Award' cover story.

In addition, in recognition of his achievements, he won the World Peace Award, the Medal of Merit, the Order of Culture Award, the Order of Publication Award, the National Achievement Award, and the Social Service Award and so on.

9

박덕은 작품 연보 및 저서 발간 현황

○박덕은 작품 연보

1979.12. 전남일보 신춘문예 동화 「경수의 하늘나라 여행」 당선(심사위원; 김영일, 이원수)

1980.12. 문학평론 「김정한의 소설 연구」(문학석사 학위 논문)

1981. 3. 문학평론 「낙동강의 파수꾼 김정한」(전대신문)

1981. 3. 시 「恨」(《전북문학》 71집)

1981. 4. 시 「모정」(《전북문학》 72집)

1981. 5. 시 「안개」(《전북문학》 73집)

1981. 6. 동화 「보이지 않는 새」(『별들이 사는 마을』)

1981. 7. 시 「초여름의 하늘에서 건져낸 시간」(《전북문학》 74집)

1981. 9. 시 「무도회」(《전북문학》 75집)

1981.11. 동화 「불타는 오아시스(《아동문예》 60호)

1981.11. 시 「각흘도에서」(《전북문학》 76집)

1981.12. 시 「지하철의 차창을 보며」(《전북문학》 77집)

1981.12. 동화 「돌아오지 않는 연어 공주」(전남아동문학가협회연간집 20호)

1982. 3. 문학평론 「비교문학의 새 이해」(전대신문)

1982. 5. 동화 「각흘도의 아이들」, 「흐르지 않는 강」, 「살아 있는 그림」(《아동문예》 65호)

1982. 5. 문학평론 「「冬天」에 나타난 諧調의 공간」(전대신문)

1982. 5. 시 「조도의 딸들」(《전북문학》 78집)

1982. 6. 시 「파출부의 아내」(《전북문학》 79집)

1982. 7. 문학평론 「작중인물의 인격화, 인간화」(《한국아동문학》 6호)

1982. 8. 시 「나팔꽃」, 「퇴근길」(《전북문학》 81집)

1982. 8. 문학이론 「진도민담의 구조 연구」(『어문논총』 6집)

1982. 9. 문학평론 「아동도서 무엇이 문제인가」(《예향》)

1982. 9. 시 「안개·2」(《전북문학》 82집)

1982.10. 동화 「버드나무 마을」(『달마다 피는 꽃』)

1982.11. 동화 「불꽃동자」(『꽃잎이 흐르는 여울』)

1982.11. 시 「새보기」(《전북문학》 83집)

1982.11. 시 「추수」(교원복지신문 76호)

1982.11. 꽁트 「어떤 부부 싸움」(《예향》)
1982.12. 시 「밤풍경」(《전북문학》 84집)
1982.12. 문학이론 「강진민담의 구조 연구」(『호남문화연구』 12집)
1982.12. 문학비평 「소설에서의 사실감」(전대신문)
1983. 4. 시 「그리움」(《전북문학》 86집)
1983. 6. 《아동문예》 신인상 소년소설 「기다림 연극」 당선(심사위원;오세발)
1983. 6. 시 「맥·2」(《전북문학》 86집)
1983. 7. 시 「맥·3」(《전북문학》 88집)
1983. 8. 시 「맥·6」, 「맥·7」(《전북문학》 90집)
1983.10. 동화집 『살아 있는 그림』(아동문예사)
1983.11. 시 「맥·8」(《전북문학》 91집)
1983.12. 시 「맥·9」(《전북문학》 92집)
1983.12. 문학평론 「서정주의 『冬天』 연구」(《국어문학》 23집)
1983.12. 문학이론 「광양민담의 구조와 의미」(『호남문화연구』 3집)
1983.12. 문학평론 「문학적 리얼리티 연구」(『용봉논총』 13집)
1984. 1. 시 「맥·10」(《전북문학》 93집)
1984. 2. 문학평론 「소설의 유형·1」(전대신문)
1984. 2. 시 「맥·11」(《전북문학》 94집)
1984. 3. 문학평론 「소설의 유형·2」(전대신문)
1984. 3. 시 「맥·12」(《전북문학》 95집)
1984. 5. 번역서 『소설의 이론』(새문사)
1984. 5. 시 「맥·13」(《전북문학》 96집)
1984. 6. 시 「안개」, 「바람은 시간을 털어낸다」《시문학》로 초회 추천(심사위원; 문덕수)
1984. 6. 시 「맥·14」(《전북문학》 97집)
1984. 8. 시 「맥·15」(《전북문학》 98집)
1984.10. 시 「맥·16」(《전북문학》 99집)
1984.12. 문학평론 「채만식의 『태평천하』 연구」(전남대학교 논문집 29집)
1985. 1. 중앙일보 신춘문예 문학평론 「삶의 원리와 죽음의 원리」 당선(심사위원;유종호)
1985. 2. 시 「맥·17」(《전북문학》 100집)

1985. 2. 문학평론 「채만식의 『탁류』 연구」(《어문논총》 7.8집)
1985. 8. 문학이론 「한국현대장편소설의 문학적 리얼리티 연구」(문학박사 학위 논문)
1985. 8. 시 「소낙비 오는 정오에」, 「문아 문아 삐걱문아」(《전북문학》 103집)
1985. 9. 문학이론 「영국 어린이 문학 계보」(《세계 어린이 문학》)
1985. 9. 문학비평서 『문학연구방법론』(전남대학교 출판부)
1985.10. 시 「거시기·2」(《전북문학》 105집)
1985.10. 문학비평 「염상섭의 『삼대』 연구」(《국어문학》 25집)
1986. 1. 시 「사랑」(《전북문학》 108집)
1986. 3. 시 「외출」, 「거시기·3」, 「사랑」, 「깨달음 1話」, 「고샅 모퉁이에 두름 엮듯 한 올 엮어 놓고」(『삶을 기도하며』, 도서출판 강나루)
1986. 4. 문학비평 「이광수의 『재생』 연구」(《한국언어문학》 24집)
1986. 5. 시 「거시기·9」(《전북문학》 111집)
1986. 6. 시 「연가」, 「누이야 누이야」(시문학)로 추천 완료(심사위원;이석, 정공채, 문덕수)
1986. 6. 시 「거시기·10」(《전북문학》 112집)
1986. 7. 시 「거시기·7」, 「거시기·8」, 「소낙비 오는 정오에」, 「외출」(《시문학》 180호)
1986. 8. 시집 『바람은 시간을 털어낸다』(시문학사)
1986. 9. 문학평론 「문학연구방법의 새 지평」(호남교육)
1986.12. 시 「거시기·12」(전대동창회보 제2호)
1986.10. 문학이론 「누보로망의 재조명」(전대신문)
1986.11. 시 「거시기·15」(《전북문학》 116집)
1987. 1. 시 「거시기·16」(《전북문학》 117집)
1987. 4. 시 「거시기·17.18」(《전북문학》 119집)
1987. 5. 《아동문학평론》 신인상 동시 「뒷동산의 꿈」, 「구름아 구름아」, 「뒤곁의 편지」 당선(《아동문학평론》 43호)(심사위원;신현득, 이재철)
1987. 6. 시 「거시기 26」(《전북문학》 121집)
1987. 8. 문학이론서 『현대소설의 이론』(박영사)
1987. 8. 시 「거시기·23.24.25.26.27」(《시문학》193호)
1987. 9. 시 「케노시스·1」(《전북문학》 123집)

1987. 9. 문학평론 「삶의 원리와 죽음의 원리」(『제3세대 비평문학』, 역민사)
1987.10. 문학평론 「소설의 사실구조 考」(한남대학교 박요순선생 회갑기념논문집)
1987.10. 시 「케노시스·3」(《전북문학》 124집)
1987.10. 시집 『거시기』(시문학사)
1987.12. 동화 「연구실의 아기천사」(광주일보)
1987.12. 시 「빈 종이」(《전북문학》 125집)
1987.12. 동시 「구름아 구름아」(『희망을 파는 자동판매기』)
1987.12. 동시 「사진 한 장」, 「꽃의 한마디」, 「하늘 꽃밭」, 「마술」, 「잔밥각시님」, 「소풍 가는 꿈」, 「무지개 학교」, 「산 너머 무에 있는지」, 「꿈자기 한 움큼」, 「모여라, 아이들아」, 「가을 하늘의 노래」, 「천체 망원경」, 「백바위」(《아동문예》 132호)
1987.12. 동시 「옛 성터에서」, 「발자국」, 「지하수의 편지」, 「자연 그대로가 좋아요」, 「햇병아리」, 「수석들의 하루」, 「지진을 알고 나서」, 「친구를 기다리며」(《아동문학평론》 45호)
1988. 2. 시 「우리는 사랑, 우리는 친구」(《전북문학》 126집)
1988. 2. 문학평론 「자연과 삶의 화합을 꿈꾸는 시」(《전북문학》 126집)
1988. 2. 시집 『무지개 학교』(대교문화, 동시 모음)
1988. 2. 문학평론 「문학적 리얼리티 구현과정 考」(홍익대학교 문덕수선생 회갑기념 논문집)
1988. 3. 「길목에 서서」(《전북문학》 127집)
1988. 3. 문학평론 「건강한 어린이의 이야기」(《아동문학평론》 46호)
1988. 4. 시 「케노시스·1~10」(《시문학》201호)
1988. 4. 문학평론 「민족음악학-그 인류학적 측면과 음악학적 측면의 융합 시도」(전대신문)
1988. 4. 시 「초선이·1」(《전북문학》 128집)
1988. 5. 시 「케노시스·11~20」(《시문학》 202호)
1988. 5. 시 「초선이·2」(《전북문학》 129집)
1988. 5. 시집 『길트기』(삼화문화사)
1988. 6. 시 「케노시스·21~30」(《시문학》203호)
1988. 6. 문학평론 「동화에 있어서의 시점의 문제」(《아동문학평론》 47호)

1988. 7. 「초선이 · 3~4」(《전북문학》 130집)
1988. 7. 시 「케노시스 · 31~40」(《시문학》204호)
1988. 7. 장편동화 「거울 속의 나라」(전남아동문학회보)
1988. 7. 시 「길트기」(아무도 하지 않던 말을 위하여, 시문학사)
1988. 7. 영역 「연구실의 아기천사」(전남대 영자신문)
1988. 7. 동시 「분꽃 씨앗」, 「개나리꽃」(바다가 보낸 차표, 《아동문학시대》 8집)
1988. 8. 문학이론서 『현대문학비평의 이론과 응용』(새문사)
1988. 8. 시 「케노시스 · 41~50」(《시문학》 205호)
1988. 8. 시 「초선이 · 5~6」(《전북문학》 131집)
1988. 9. 문학평론 「김영랑론」(제3세대 문학비평 2집, 도서출판 신아)
1988. 9. 장편소년소설 「검은 별이여, 안녕」(제1부, 《아동문예》 141호)
1988. 9. 문학평론 「동화에 있어서의 배경의 문제」(《아동문학평론》 48호)
1988. 9. 시 「초선이 · 7~8」(《전북문학》 132집)
1988.10. 시 「초선이 · 9」(《전북문학》 133집
1988.10. 시 「작은 울타리」, 「결국에는」, 「시각화 과정」, 「자유와 반응」(대숲에 맨발로 서다, 《원탁시》 28집)
1988.10. 문학평론 「여상현의 시 세계」(《금호문화》 11월호)
1988.11. 시집 『케노시스』(시문학사)
1988.11. 시집 『길트기』(삼화문화사)
1988.11. 시집 『갇힘의 비밀』(삼화문화사)
1988.11. 시집 & 가곡집 『소낙비 오는 정오에』(삼화문화사)
1988.11. 장편소년소설 「검은 별이여, 안녕」(제3부, 《아동문예》 143호)
1988.11. 동시 「들판을 바라보며」(『저 별은 엄마별 저 별은 아빠별』)
1988.12. 문학평론 「이근영의 작품 세계」(《금호문화》 12월호)
1988.12. 시 「초선이 · 10」(《전북문학》 134집)
1988.12. 동시 「장터」, 「하늘 아래 동동」, 「단풍」, 「물새들의 노래」, 「아지랭이」(『하루살이 이틀살이』, 전남아동문학가협회지 27집)
1988.12. 장편소년소설 「검은 별이여, 안녕」(제4부, 《아동문예》 144호)
1988.12. 시 「청초한 날에」, 「이삭을 남긴 사연」, 「당신을 배우며」(한소리, 창간호)
1988.12. 시 「그대 광주여」(《전남개발》 제20호)

1988.12. 제1회 광주문학상 수상(수상 작품집 『케노시스』과 수상 문학이론 「해금작가작품론」)
1989.12. 문학평론 「김소엽의 작품 세계」(《금호문화》 1월호)
1989. 1. 장편소년소설 「검은 별이여, 안녕」(제5부, 《아동문예》 155호)
1989. 1. 교양서 『해학의 강』(도서출판 한실)
1989. 1. 시 「케노시스·2」(『허공에 흐르는 강』, 인의시선 2)
1989. 2. 문학평론 「이용악의 작품 세계」(《금호문화》 2월호)
1989. 2. 교양도서 『해학의 江』(도서출판 한실)
1989. 2. 시 「길트기·20」(『이별은 별이 되어 우능갑더라』)
1989. 2. 시 「길트기·50」(『사랑은 단풍물이 드능갑더라』)
1989. 3. 편저 『삶이 그리움 되어 홀로 있을 때』(도서출판 한실)
1989. 3. 문학이론서 『한국현대소설의 이론과 적용』(새문사)
1989. 3. 시집 『자유人·사랑人』(도서출판 한실)
1989. 3. 문학평론 「이찬의 작품 세계」(《금호문화》 3월호)
1989. 3. 시 「당신은 비록 낯설지만」(《내외통신》 창간호)
1989. 3. 문학평론 「누구나 한번쯤 머물러가기를 원하는 동심의 메시지」(《아동문예》 147호)
1989. 3. 문학평론 「팬터지의 효과적 사용을 위하여」(《아동문학평론》 50호)
1989. 4. 문학평론 「조벽암의 작품 세계」(《금호문화》 4월호)
1989. 4. 시 「고향」(화순문학회보 창간호)
1989. 5. 동시 「콩나물아이」, 「하마」, 「뿌리의 말」, 「유리창」, 「목련꽃」, 「편지」, 「솔바람·1~2」, 「꼬꼬댁 꼬꼬」, 「장터」(《아동문예》 149호)
1989. 5. 장편소년소설집 『3001년』(아동문예사)
1989. 5. 문학평론 「현덕의 작품 세계」(《금호문화》 5월호)
1989. 6. 동시 「곶감 말리기」, 「풍선 장수」(《아동문학평론》 제51호)
1989. 6. 문학평론 「박노갑의 작품 세계」(《금호문화》 6월호)
1989. 7. 동시 「곶감 말리기」, 「안개구름」(《아동문학시대》 9집)
1989. 7. 동화 「들쥐나라」(가든사보 7월호)
1989. 7. 동시 「아파트」(《아동문학》 7월호)
1989. 7. 문학이론서 『시의 이론과 창작』(도서출판 한실)
1989. 7. 문학평론 「송영의 작품세계」(《금호문화》 8월호)

1989. 8. 시집 『나찾기』(도서출판 한실)
1989. 8. 소설집 『죽음의 키스』(도서출판 한실)
1989. 9. 문학평론 「정지용의 작품 세계·상」(《금호문화》 9월호)
1989. 9. 시 「지푸라기·1~10」(《시문학》 218호)
1989. 9. 꽁트 「화합의 비밀」(『사람을 찾습니다』 제4호)
1989.10. 문학평론 「정지용의 작품세계·하」(《금호문화》 10월호)
1989.10. 시 「지푸라기·11~20」(《시문학》218호)
1989.11. 문학평론 「석인해의 작품 세계」(《금호문화》 11월호)
1989.11. 시 「교만」, 「고통」, 「지푸라기·22~30」(《시문학》220호)
1989.11. 시 「바로 서기」, 「그대 광주여」, 「고향 동산」, 「고향으로 오세요」, 「아이리」(『그대 젖은 영혼을 위하여』, 원탁시 29집)
1989.12. 동시 「짝꿍」(《어린이 문학 세계》 제6호)
1989.12. 동시 「꽃이 지네요」, 「A형」, 「아기 귀」(『무궁화꽃이 피었습니다』, 아동문학가협회지 28집)
1989.12. 시 「뒤집기·6」(《화순문학》 제1집)
1989.12. 시 「지푸라기·31~40」(《시문학》221호)
1989.12. 문학평론 「이선희의 작품 세계」(《금호문화》 12월호)
1989.12. 시 「의심」, 「연단」, 「한」, 「영생」, 「비」, 「바람」, 「피난처」, 「별」(《전북문학》 140집)
1989.12. 문학이론 「시작법·1」(《문학공간》 창간호)
1990. 1. 문학이론 「시작법·2」(《문학공간》 1월호)
1990. 1. 문학평론 「지하련의 작품 세계」(《금호문화》 1월호)
1990. 1. 시 「지푸라기·41~50」(《시문학》222호)
1990. 1. 문학평론 「소설의 긍정적 시선과 부정적 시선」(《《월간문학》 251호)
1990. 1. 문학평론 「구체적 시어와 추상적 시어」(《문학공간》 2호)
1990. 2. 문학평론 「유향림의 작품 세계」(《금호문화》 2호)
1990. 2. 문학평론 「소설의 사실구조와 효과」(《월간문학》 252호)
1990. 2. 문학평론 「시에서의 디코럼」(《문학공간》 3호)
1990. 2. 꽁트 「콧대꺾기」(화니화보 2월호)
1990. 3. 문학평론 「김만선의 작품 세계」(《금호문화》 3월호)
1990. 3. 문학이론 「시작법」(《문학공간》 3호)

1990. 3. 교양서 『바보 聖者』(도서출판 한실)
1990. 3. 문학평론 「이미지론」(《문학공간》 4호)
1990. 5. 시집 『지푸라기』(시문학사)
1990. 6. 문학이론 「시작법-은유의 표현기법과 그 효과」(《문학공간》 6호)
1990. 7. 문학이론 「시작법·8」(《문학공간》 8호)
1990. 9. 문학이론 「시작법·9」(《문학공간》 10호)
1990. 9. 문학이론서 『문체의 이론과 한국현대소설』(도서출판 한실)
1990.10. 문학이론 「시작법·10」(《문학공간》 11호)
1990.10. 동시집 『동심이 흐르는 강』(아동문예사)
1990.11. 문학이론 「시작법·12」(《문학공간》 12호)
1991. 2. 문학이론 「시작법·14」(《문학공간》 15호)
1991. 4. 문학이론 「시작법·15」(《문학공간》 17호)
1991. 4. 시집 『자그만 숲의 사랑 이야기』(도서출판 규장각)
1991. 8. 문학이론 「시작법·16」(《문학공간》 21호)
1991. 9. 문학이론 「시작법·17」(《문학공간》 22호)
1991. 9. 문학이론서 『해금작가작품론』(새문사)
1991.10. 문학이론 「시작법·18」(《문학공간》 23호)
1991.11. 문학이론 「시작법·19」(《문학공간》 24호)
1991.12. 문학이론 「시작법·20」(《문학공간》 25호)
1992. 1. 문학이론 「시작법·21」(《문학공간》 26호)
1992. 2. 문학이론서 『시의 이론과 창작』(도서출판 한실)
1992. 3. 문학이론 「시작법·21」(《문학공간》 28호)
1992. 4. 문학이론 「시작법·22」(《문학공간》 29호)
1992. 8. 문학이론 「시작법·23」(《문학공간》 33호)
1992.11. 문학이론 「시작법·24」(《문학공간》 36호)
1992.12. 문학이론 「시작법·25」(《문학공간》 37호)
1993. 2. 소설집 『양귀비의 고백』(도서출판 장원)
1993. 7. 시 「사랑아, 사랑한다·1」(《문학공간》 44호)
1993. 7. 교양서 『멋진 여자 멋진 남자』(도서출판 서지원)
1993. 9. 시 「사랑아, 사랑한다·3」(《문학공간》 46호)
1993.10. 시 「사랑아, 사랑한다·4」(《문학공간》 47호)

1993.10. 교양서 『우화천국』(도서출판 서지원)
1993.10. 교양서 『도토리 서 말』(도서출판 서지원)
1993.10. 소설집 『이매창의 사랑 일기』(도서출판 장원)
1993.11. 시 「사랑아, 사랑한다·5」(《문학공간》 48호)
1993.12. 시 「사랑아, 사랑한다·6」(《문학공간》 49호)
1993. 4. 교양서 『나는 화려한 물음표보다 정직한 느낌포를 만드는 사람이 더 좋다』(도서출판 산호)
1993. 5. 소설집 『황진이의 고독』(도서출판 장원)
1993. 8. 문학이론서 『현대詩창작법』(법문사)
1993. 8. 소설집 『일타홍의 계절』(도서출판 장원)
1993. 9. 시집 『느낌표가 머무는 공간』(성현출판사)
1993.10. 교양서 『우화 천국』(도서출판 서지원)
1993.11. 시집 『그대에게 소중한 사랑이 되어·1』(도서출판 대흥)
1993.12. 소설집 『서울 아라비안나이트』(한마음사)
1994. 1. 소설집 『금지된 선택』(도서출판 깊이와넓이)
1994. 2. 문학이론서 『문체론』(공저)(도서출판 법문사)
1994. 5. 시집 『둥지 높은 그리움』(소담출판사)
1994. 5. 교양서 『마음을 비우는 지혜』(보성출판사)
1994. 5. 교양서 『나만 불행한 게 아니로군요』(문학창조사)
1994. 5. 교양서 『나만 행복한 게 아니로군요』(문학창조사)
1994. 5. 교양서 『나만 어리석은 게 아니로군요』(문학창조사)
1994.11. 「시와 사랑의 이미지·1」(《문학공간》 60호)
1994.12. 「시와 사랑의 이미지·2」(《문학공간》 61호)
1994.12. 시집 『그대에게 소중한 사랑·이 되어.2』(도서출판 대흥)
1995. 1. 「시와 사랑의 이미지·3」(《문학공간》 62호)
1995. 1. 교양서 『느낌이 있는 꽃』(도서출판 서로)
1995. 1. 교양서 『흔들림이 있는 나무』(도서출판 서로)
1995. 1. 『행복한 바보성자』(지성사)
1995. 2. 「시와 사랑의 이미지·4」(《문학공간》 63호)
1995. 2. 동시집 『곶감 말리기』(월간아동문학사)
1995. 3. 「시와 사랑의 이미지·5」(《문학공간》 64호)

1995. 4. 「시와 사랑의 이미지·6」(《문학공간》 65호)
1995. 4. 『사랑하는 사람 가슴에 심어주고픈 말』(도서출판 밝은누리)
1995. 5. 「시와 사랑의 이미지·7」(《문학공간》 66호)
1995. 5. 교양서 『철학의 향기』(보성출판사)
1995. 6. 「시와 사랑의 이미지·8」(《문학공간》 67호)
1995. 7. 「시와 사랑의 이미지·9」(《문학공간》 68호)
1995. 8. 「시와 사랑의 이미지·10」(《문학공간》 69호)
1995. 9. 「시와 사랑의 이미지·11」(《문학공간》 70호)
1996. 3. 『철학자의 터진 옷소매](도서출판 하나로)
1996. 4. 문학평론 「금아 피천득의 작품 세계·1」(《문학공간》 77호)
1996. 5. 문학평론 「금아 피천득의 작품 세계·2」(《문학공간》 78호)
1996. 5. 교양서 『창녀에서 수녀까지 건달에서 황제까지』(한솔미디어)
1996. 6. 문학평론 「금아 피천득의 작품 세계·3」(《문학공간》 79호)
1996. 6. 교양서 『신은 우리 키스 속에도 있다』(태웅출판사)
1996. 6. 교양서 『황제방중술』(태웅출판사)
1996. 7. 문학평론 「금아 피천득의 작품 세계·4」(《문학공간》 80호)
1996. 7. 교양서 『무희에서 스타까지 게이에서 성자까지』(한솔미디어)
1996. 8. 문학평론 「금아 피천득의 작품 세계·5」(《문학공간》 81호)
1996. 9. 문학평론 「금아 피천득의 작품 세계·6」(《문학공간》 82호)
1996. 9. 교양서 『사랑의 향기』(도서출판 모아)
1996.10. 문학평론 「금아 피천득의 작품 세계·7」(《문학공간》 83호)
1996.11. 문학평론 「금아 피천득의 작품 세계·8」(《문학공간》 84호)
1996.12. 문학평론 「금아 피천득의 작품 세계·9」(《문학공간》 85호)
1997. 2. 문학평론 「금아 피천득의 작품 세계·11」(《문학공간》 87호)
1997. 3. 문학평론 「금아 피천득의 작품 세계·12」(《문학공간》 88호)
1997. 4. 문학평론 「금아 피천득의 작품 세계·13」(《문학공간》 89호)
1997. 4. 교양서 『우리 역사 속의 난』(도서출판 떡갈나무)
1997. 5. 문학평론 「금아 피천득의 작품 세계·14」(《문학공간》 90호)
1997. 5. 교양서 『명작 속 명작』(도서출판 우리문학사)
1997. 5. 교양서 『쉽고 재미있는 철학 이야기·1』(도서출판 서지원)
1997. 5. 교양서 『쉽고 재미있는 철학 이야기·2』(도서출판 서지원)

1997. 5. 교양서 『쉽고 재미있는 철학 이야기·3』(도서출판 서지원)
1997. 6. 교양서 『세계를 빛낸 과학자』(도서출판 가교)
1997. 7. 시집 『사랑의 블랙홀』(도서출판 민예원)
1997. 8. 교양서 『역사 속의 역사』(도서출판 박우사)
1997. 9. 시집 『나는 그대에게 늘 설레임이고 싶다』(도서출판 박우사)
1997.10. 동화집 『서울 걸리버 여행기』(아동문예)
1997.12. 교양서 『한국 반란사』(도서출판 큰바위)
1997.12. 교양서 『세계 반란사』(도서출판 큰바위)
1997.12. 교양서 『세계를 빛낸 정치가』(도서출판 가교)
1998. 1. 문학평론 「이강욱 연재소설의 세계」(《문학공간》 98호)
1998. 2. 문학평론 「정지용의 작품 세계·1」(《문학공간》 99호)
1998. 3. 문학평론 「정지용의 작품 세계·2」(《문학공간》 100호)
1998. 4. 문학평론 「박세영의 작품 세계」(《문학공간》 101호)
1998. 4. 교양서 『세계를 빛낸 명장』(도서출판 가교)
1998. 4. 교양서 『행복을 위한 작은 책』(도서출판 창조인)
1998. 5. 문학평론 「권환의 작품 세계」(《문학공간》 102호)
1998. 6. 교양서 『세계 명사들의 러브스토리』(새앎출판사)
1998. 7. 문학평론 「박아지의 작품 세계」(《문학공간》 104호)
1998. 7. 교양서 『세계를 빛낸 탐험가』(도서출판 가교)
1998. 8. 문학평론 「조벽암의 작품 세계」(《문학공간》 105호)
1998. 9. 문학평론 「임학수의 작품 세계」(《문학공간》 106호)
1998.9. 교양서 『세계를 빛낸 미술가』(도서출판 가교)
1998.10. 문학평론 「이찬의 작품 세계」(《문학공간》 107호)
1998.10. 시집 『내 가슴이 사고 쳤나 봐』(도서출판 한실)
1998.11. 문학평론 「설정식의 작품 세계」(《문학공간》 108호)
1998.12. 문학평론 「이용악의 작품 세계」(《문학공간》 109호)
1999. 1. 문학평론 「오장환의 작품 세계」(《문학공간》 110호)
1999. 1. 교양서 『세계를 빛낸 음악가』(도서출판 가교)
1999. 2. 문학평론 「김상훈의 작품 세계」(《문학공간》 111호)
1999. 2. 교양서 『나의 가장 소중한 사람에게』(도서출판 이오스)
1999. 3. 문학평론 「여상현의 작품 세계」(《문학공간》 112호)

1999. 4. 문학평론 「백석의 작품 세계」(《문학공간》 113호)
1999. 4. 교양서 『세계를 빛낸 철학가』(도서출판 가교)
1999. 4. 교양서 『세계를 빛낸 문학가』(도서출판 가교)
1999. 5. 문학평론 「송영의 작품 세계」(《문학공간》 114호)
1999. 5. 교양서 『해외 신화』(도서출판 세계문예)
1999. 5. 교양서 『읽으면 행복한 책』(베스트셀러출판사)
1999. 6. 문학평론 「박노갑의 작품 세계」(《문학공간》 115호)
1999. 6. 교양서 『세계를 빛낸 사상가』(도서출판 가교)
1999. 7. 문학평론 「이근영의 작품 세계」(《문학공간》 116호)
1999. 7. 교양서 『세계를 빛낸 공연가』(도서출판 가교)
1999. 8. 문학평론 「이선희의 작품 세계」(《문학공간》 117호)
1999. 9. 문학평론 「김소엽의 작품 세계」(《문학공간》 118호)
1999.10. 문학평론 「현덕의 작품 세계」(《문학공간》 119호)
1999.10. 교양서 『뽕따일보』(도서출판 덕수)
1999.11. 문학평론 「지하련의 작품 세계」(《문학공간》 120호)
1999.12. 문학평론 「유향림의 작품 세계」(《문학공간》 121호)
2000. 1. 문학평론 「김만선의 작품 세계」(《문학공간》 122호)
2000. 2. 문학평론 「김상민의 작품 세계」(《문학공간》 123호)
2000. 3. 문학평론 「석인해의 작품 세계」(《문학공간》 124호)
2000. 4. 문학이론 「소설 개관·1」(《문학공간》 125호)
2000. 6. 문학이론 「소설 개관·2」(《문학공간》 126호)
2000. 7. 문학이론 「소설 개관·3」(《문학공간》 127호)
2000. 8. 문학이론 「소설 개관·4」(《문학공간》 129호)
2000. 9. 문학이론 「소설 개관·5」(《문학공간》 130호)
2000.10. 문학이론 「소설 개관·6」(《문학공간》 131호)
2000.11. 문학이론 「소설 개관·7」(《문학공간》 132호)
2000.12. 문학이론 「소설 개관·8」(《문학공간》 133호)
2001. 1. 문학이론 「소설 개관·9」(《문학공간》 134호)
2001. 2. 문학이론 「소설 개관·10」(《문학공간》 135호)
2001. 3. 문학이론 「소설 개관·11」(《문학공간》 136호)
2001. 4. 문학이론 「소설 개관·12」(《문학공간》 137호)

2001. 5. 문학이론 「소설 개관·13」(《문학공간》 138호)
2001. 6. 문학이론 「소설 개관·14」(《문학공간》 139호)
2001. 7. 문학이론 「소설 개관·15」(《문학공간》 140호)
2001. 8. 문학이론 「소설 개관·16」(《문학공간》 141호)
2001. 9. 문학이론 「소설 개관·17」(《문학공간》 142호)
2001.10. 문학이론 「소설 개관·18」(《문학공간》 143호)
2001.11. 문학이론 「소설 개관·19」(《문학공간》 144호)
2001.12. 문학이론 「소설 개관·20」(《문학공간》 145호)
2001.12. 동화집 『마녀 헤르소의 모험.1』(지경사)
2001.12. 동화집 『마녀 헤르소의 모험.2』(지경사)
2002. 1. 문학이론 「소설의 유형·1」(《문학공간》 146호)
2002. 2. 문학이론 「소설의 유형·2」(《문학공간》 147호)
2002. 3. 문학이론 「소설의 유형·3」(《문학공간》 148호)
2002. 4. 문학이론 「소설의 유형·4」(《문학공간》 149호)
2002. 5. 문학이론 「리얼리즘과 소설 형식·1」(《문학공간》 150호)
2002. 6. 문학이론 「리얼리즘과 소설 형식·2」(《문학공간》 151호)
2002. 7. 문학이론 「리얼리즘과 소설 형식·3」(《문학공간》 152호)
2002. 7. 교양서 『우리 명작 소설 50선』(지경사)
2002. 7. 교양서 『세계를 움직이는 명작 소설 50선』(지경사)
2002. 8. 문학이론 「소설에서의 사실감·1」(《문학공간》 153호)
2002. 9. 문학이론 「소설에서의 사실감·2」(《문학공간》 154호)
2002.10. 문학이론 「소설에서의 사실감·3」(《문학공간》 155호)
2002.11. 문학이론 「소설에서의 사실감·4」(《문학공간》 156호)
2006. 2. 문학평론 「정남채 시인의 시계계」(《문학공간》 195호)
2007. 5. 동화집 『돼지의 일기』(가교출판)
2008. 2. 시 「사랑하고 사랑받는 것보다」(《문학공간》 219호)
2008. 3. 「문학과 함께하는 인생·1」(《문학공간》 220호)
2008. 4. 「문학과 함께하는 인생·2」(《문학공간》 221호)
2008. 5. 「문학과 함께하는 인생·3」(《문학공간》 222호)
2008. 6. 「문학과 함께하는 인생·4」(《문학공간》 223호)
2008. 7. 「문학과 함께하는 인생·5」(《문학공간》 224호)

2008. 8. 「문학과 함께하는 인생·6」(《문학공간》 225호)
2008. 9. 「문학과 함께하는 인생·7」(《문학공간》 226호)
2008.10. 「문학과 함께하는 인생·8」(《문학공간》 227호)
2008.11. 「문학과 함께하는 인생·9」(《문학공간》 228호)
2008.12. 「문학과 함께하는 인생·10」(《문학공간》 229호)
2008.12. 교양서 『이솝우화』(새문사)
2009. 1. 「문학과 함께하는 인생·11」(《문학공간》 230호)
2009. 2. 「문학과 함께하는 인생·12」(《문학공간》 231호)
2009. 3. 「문학과 함께하는 인생·13」(《문학공간》 232호)
2009. 4. 「문학과 함께하는 인생·14」(《문학공간》 233호)
2009. 5. 「문학과 함께하는 인생·15」(《문학공간》 234호)
2009. 6. 「문학과 함께하는 인생·16」(《문학공간》 235호)
2009. 8. 「문학과 함께하는 인생·18」(《문학공간》 237호)
2009. 9. 「문학과 함께하는 인생·19」(《문학공간》 238호)
2009.10. 「문학과 함께하는 인생·20」(《문학공간》 239호)
2009.11. 「문학과 함께하는 인생·21」(《문학공간》 240호)
2009.12. 「문학과 함께하는 인생·22」(《문학공간》 241호)
2010. 1. 「문학과 함께하는 인생·23」(《문학공간》 242호)
2010. 2. 「문학과 함께하는 인생·24」(《문학공간》 243호)
2010. 3. 「문학과 함께하는 인생·25」(《문학공간》 244호)
2010. 4. 「문학과 함께하는 인생·26」(《문학공간》 245호)
2010. 5. 「문학과 함께하는 인생·27」(《문학공간》 246호)
2010. 6. 「문학과 함께하는 인생·28」(《문학공간》 247호)
2010. 7. 「문학과 함께하는 인생·29」(《문학공간》 248호)
2010. 8. 「문학과 함께하는 인생·30」(《문학공간》 249호)
2010. 9. 「문학과 함께하는 인생·31」(《문학공간》 250호)
2010.10. 「문학과 함께하는 인생·32」(《문학공간》 251호)
2010.11. 「문학과 함께하는 인생·33」(《문학공간》 252호)
2010.12. 「문학과 함께하는 인생·34」(《문학공간》 253호)
2010.12. 시집 『당신』(서영출판사)
2010.12. 교양서 『위트』(서영출판사)

2011. 1. 「문학과 함께하는 인생·35」(《문학공간》 254호)
2011. 1. 건강서 『내 몸에 꼭 맞는 영양 가이드』(서영출판사)
2011. 1. 건강서 『비타민과 미네랄 & 떠오르는 영양소』(서영출판사)
2011. 2. 「문학과 함께하는 인생·36」(《문학공간》 255호)
2011. 3. 「문학과 함께하는 인생·37」(《문학공간》 256호)
2011. 4. 「문학과 함께하는 인생·38」(《문학공간》 257호)
2011. 5. 「문학과 함께하는 인생·39」(《문학공간》 258호)
2011. 6. 「문학과 함께하는 인생·40」(《문학공간》 259호)
2011. 7. 「문학과 함께하는 인생·41」(《문학공간》 260호)
2011. 8. 「문학과 함께하는 인생·42」(《문학공간》 261호)
2011. 9. 「문학과 함께하는 인생·43」(《문학공간》 262호)
2011.10. 「문학과 함께하는 인생·44」(《문학공간》 263호)
2011.11. 「문학과 함께하는 인생·45」(《문학공간》 264호)
2011.11. 『청춘이여, 생각하라』(서영출판사)
2011.12. 「문학과 함께하는 인생·46」(《문학공간》 265호)
2012. 1. 「문학과 함께하는 인생·47」(《문학공간》 266호)
2012. 2. 「문학과 함께하는 인생·48」(《문학공간》 267호)
2012. 3. 「문학과 함께하는 인생·49」(《문학공간》 268호)
2012. 4. 「문학과 함께하는 인생·50」(《문학공간》 269호)
2012. 5. 「문학과 함께하는 인생·51」(《문학공간》 270호)
2012. 6. 「문학과 함께하는 인생·52」(《문학공간》 271호)
2012. 7. 「문학과 함께하는 인생·53」(《문학공간》 272호)
2012. 8. 「문학과 함께하는 인생·54」(《문학공간》 273호)
2012. 8. 교양서 『성공 DNA·1』(서영출판사)
2012. 8. 교양서 『성공 DNA·2』(서영출판사)
2012. 9. 「문학과 함께하는 인생·55」(《문학공간》 274호)
2012.10. 「문학과 함께하는 인생·56」(《문학공간》 275호)
2012.11. 「문학과 함께하는 인생·57」(《문학공간》 276호)
2012.12. 「문학과 함께하는 인생·58」(《문학공간》 277호)
2013. 1. 「문학과 함께하는 인생·59」(《문학공간》 278호)
2013. 2. 「문학과 함께하는 인생·60」(《문학공간》 279호)

2013. 3. 「문학과 함께하는 인생·61」(《문학공간》 280호)
2013. 4. 「문학과 함께하는 인생·62」(《문학공간》 281호)
2013. 4. 건강서 『비만 원인』(서영출판사)
2013. 4. 건강서 『비만 탈출』(서영출판사)
2013. 5. 「문학과 함께하는 인생·63」(《문학공간》 282호)
2013. 6. 「문학과 함께하는 인생·64」(《문학공간》 283호)
2013. 7. 「문학과 함께하는 인생·65」(《문학공간》 284호)
2013. 8. 「문학과 함께하는 인생·66」(《문학공간》 285호)
2013. 9. 「문학과 함께하는 인생·67」(《문학공간》 286호)
2013.10. 「문학과 함께하는 인생·68」(《문학공간》 287호)
2013.11. 「문학과 함께하는 인생·69」(《문학공간》 288호)
2013.12. 「문학과 함께하는 인생·70」(《문학공간》 289호)
2014. 1. 「문학과 함께하는 인생·71」(《문학공간》 290호)
2014. 2. 「문학과 함께하는 인생·72」(《문학공간》 291호)
2014. 3. 「문학과 함께하는 인생·73」(《문학공간》 292호)
2014. 4. 「문학과 함께하는 인생·74」(《문학공간》 293호)
2014. 5. 「문학과 함께하는 인생·75」(《문학공간》 294호)
2014. 6. 「문학과 함께하는 인생·76」(《문학공간》 295호)
2014. 7. 「문학과 함께하는 인생·77」(《문학공간》 296호)
2014. 8. 「문학과 함께하는 인생·78」(《문학공간》 297호)
2014. 9. 「문학과 함께하는 인생·79」(《문학공간》 298호)
2014.10. 「문학과 함께하는 인생·80」(《문학공간》 299호)
2014.11. 「문학과 함께하는 인생·81」(《문학공간》 300호)
2014.12. 「문학과 함께하는 인생·82」(《문학공간》 301호)
2015. 1. 「문학과 함께하는 인생·83」(《문학공간》 302호)
2015. 2. 「문학과 함께하는 인생·84」(《문학공간》 303호)
2015. 2. 시집 『나는 매일 밤 바람과 함께 사라진다』(서영출판사)
2015. 3. 「문학과 함께하는 인생·85」(《문학공간》 304호)
2015. 4. 「문학과 함께하는 인생·86」(《문학공간》 305호)
2015. 5. 「문학과 함께하는 인생·87」(《문학공간》 306호)
2015. 6. 「문학과 함께하는 인생·88」(《문학공간》 307호)

2015. 7. 「문학과 함께하는 인생·89」(《문학공간》 308호)
2015. 8. 「문학과 함께하는 인생·90」(《문학공간》 309호)
2015. 9. 「문학과 함께하는 인생·91」(《문학공간》 310호)
2015.10. 「문학과 함께하는 인생·92」(《문학공간》 311호)
2015.11. 「문학과 함께하는 인생·93」(《문학공간》 312호)
2015.12. 「문학과 함께하는 인생·94」(《문학공간》 313호)
2016. 1. 「문학과 함께하는 인생·95」(《문학공간》 314호)
2016. 2. 「문학과 함께하는 인생·96」(《문학공간》 315호)
2016. 3. 「문학과 함께하는 인생·97」(《문학공간》 316호)
2016. 4. 「문학과 함께하는 인생·98」(《문학공간》 317호)
2016. 5. 「문학과 함께하는 인생·99」(《문학공간》 318호)
2016. 6. 「문학과 함께하는 인생·100」(《문학공간》 319호)
2016. 7. 「문학과 함께하는 인생·101」(《문학공간》 320호)
2016. 8. 「문학과 함께하는 인생·102」(《문학공간》 321호)
2016. 9. 「문학과 함께하는 인생·103」(《문학공간》 322호)
2016.10. 「문학과 함께하는 인생·104」(《문학공간》 323호)
2016.11. 「문학과 함께하는 인생·105」(《문학공간》 324호)
2016.12. 「문학과 함께하는 인생·106」(《문학공간》 325호)
2017. 1. 「문학과 함께하는 인생·107」(《문학공간》 326호)
2017. 3. 「문학과 함께하는 인생·109」(《문학공간》 328호)
2017. 4. 「문학과 함께하는 인생·110」(《문학공간》 329호)
2017. 5. 「문학과 함께하는 인생·111」(《문학공간》 330호)
2017. 6. 「문학과 함께하는 인생·112」(《문학공간》 331호)
2017. 7. 「문학과 함께하는 인생·113」(《문학공간》 332호)
2017. 8. 「문학과 함께하는 인생·114」(《문학공간》 333호)
2017. 9. 「문학과 함께하는 인생·115」(《문학공간》 334호)
2017.10. 「문학과 함께하는 인생·116」(《문학공간》 335호)
2017.11. 「문학과 함께하는 인생·117」(《문학공간》 336호)
2017.12. 「문학과 함께하는 인생·118」(《문학공간》 337호)
2018. 1. 「문학과 함께하는 인생·119」(《문학공간》 338호)
2018. 2. 「문학과 함께하는 인생·120」(《문학공간》 339호)

2018. 3. 「문학평론.1」(《문학공간》 340호)
2018. 5. 「문학평론.2」(《문학공간》 342호)
2018. 7. 시 「석류」(《문학공간》 344호)
2018. 8. 문학평론 「시인 김영랑 연구·1」(《문학공간》 345호)
2018. 9. 문학평론 「시인 김영랑 연구·2」(《문학공간》 346호)
2018.10. 문학평론 「시인 김영랑 연구·3」(《문학공간》 347호)
2018.11. 문학평론 「시인 김영랑 연구·4」(《문학공간》 348호)
2018.12. 문학평론 「시인 김영랑 연구·5」(《문학공간》 349호)
2019. 1. 문학평론 「시인 김영랑 연구·6」(《문학공간》 350호)
2019. 2. 문학평론 「시인 김영랑 연구·7」(《문학공간》 351호)
2019. 3. 문학평론 「시인 김영랑 연구·8」(《문학공간》 352호)
2019. 4. 문학평론 「시인 김영랑 연구·9」(《문학공간》 353호)
2019. 5. 문학평론 「시인 박용철 연구·1」(《문학공간》 354호)
2019. 6. 문학평론 「시인 박용철 연구·2」(《문학공간》 355호)
2019. 7. 문학평론 「시인 한용운 연구·1」(《문학공간》 356호)
2019. 8. 문학평론 「시인 한용운 연구·2」(《문학공간》 357호)
2019. 9. 문학평론 「시인 한용운 연구·3」(《문학공간》 358호)
2019.10. 문학평론 「시인 한용운 연구·4」(《문학공간》 359호)
2019.11. 문학평론 「시인 신석정 연구·1」(《문학공간》 360호)
2019.12. 문학평론 「시인 신석정 연구·2」(《문학공간》 361호)
2020. 1. 문학평론 「시인 신석정 연구·3」(《문학공간》 362호)
2020. 2. 문학평론 「시인 신석정 연구·4」(《문학공간》 363호)
2020. 3. 문학평론 「시인 신석정 연구·5」(《문학공간》 364호)
2020. 4. 문학평론 「시인 신석정 연구·6」(《문학공간》 365호)
2020. 5. 문학평론 「시인 신석정 연구·7」(《문학공간》 366호)
2020. 6. 문학평론 「시인 신석정 연구·8」(《문학공간》 367호)
2020. 6. 시 「동백꽃」(《한국문예》 창간호)
2020. 7. 문학평론 「시인 윤동주 연구·1」(《문학공간》 368호)
2020. 8. 문학평론 「시인 윤동주 연구·2」(《문학공간》 369호)
2020. 8. 문학이론서 『시인 신석정 연구』(서영출판사)
2020. 9. 문학평론 「시인 윤동주 연구·3」(《문학공간》 370호)

2020.10. 문학평론 「시인 윤동주 연구·4」(《문학공간》 371호)

2020.11. 문학평론 「시인 윤동주 연구·5」(《문학공간》 372호)

2020.12. 문학평론 「시인 윤동주 연구·6」(《문학공간》 373호)

2020.12. 문학대상작 시 「할머니 풍등」, 「폐선」, 「대나무 평상」, 「등대」, 「월식」(《오은문학》 2021년 겨울호)

2021. 1. 수필 「쌍골죽과 대금 소리」(김해일보)

2021. 1. 문학평론 「시인 윤동주 연구·7」(《문학공간》 374호)

2021. 1. 동화 「마스코트」(《시인부락》 12집)

2021. 2. 문학평론 「시인 윤동주 연구·8」(《문학공간》 375호)

2021. 2. 시 「푸드코트」(김해일보)

2021. 3. 제2회 타고르 문학상 수상작, 문학평론 「타고르 세계관」(《문학시선》 19호)

2021. 5. 윤동주 문학상(시 부문), 시 「윤동주·1」, 「윤동주·2」, 「윤동주·3」(《문학시선》 20호)

2021. 5. 윤동주 문학상 대상(문학평론 부문), 문학평론 「윤동주 시인 연구」(《문학시선》 20호)

2021. 5. 문학평론 「시인 윤동주 연구·11」(《문학공간》 378호)

2021. 5. 수필집 『창문을 읽다』(서영출판사)

2021. 6. 문학평론 「시인 윤동주 연구·12」(《문학공간》 379호)

2021. 6. 시집 『Happy Imagery』(노벨타임즈)

2021. 6. 수필집 『창문을 읽다』(서영출판사)

2021. 7. 문학평론 「시인 윤동주 연구·13」(《문학공간》 380호)

2021. 7. 동화 「들개의 길」(문학세계 324호)

2021. 8. 문학평론 「시인 윤동주 연구·14」(《문학공간》 381호)

2021. 9. 시 「기록의 건축학」, 「한양도성」, 「여수멸치잡이배」, 수필 「어머니의 이끼」, 「끝자리에서 자신을 만나 보면」(《광주문학》 제100호)

2021. 9. 문학평론 「시인 박두진 연구·1」(《문학공간》 382호)

2021. 9. 시 「커피」(《오은문학》 11호)

2021. 9. 시 「전단지」(《우리詩》 399호)

2021. 9 평설 임금남 시 「시의 씨앗」, 김흥호 동시 「할미새와 할미꽃」, 강정삼 시 「네모 속 그림 세상」, 김한호 수필 「하늘 메아리」, 고운석 시 「자식

을 잃은 부모」, 김삼옥 시 「정」, 정찬열 시 「금사정 동백」, 조동희 수필 「더러운 사람들」(광주매일신문)

2021. 9. 수필 「걸음의 방식」(전남매일신문)

2021. 9. 시 「커피」, 「전통재래시장」, 「한양도성」(《오은문학》 2021년 가을호)

2021.10. 문학평론 「시인 박두진 연구·2」(《문학공간》 383호)

2021.10. 동시 「종례 시간」(《두레문학》 30호)

2021.10. 평설 배순옥 시 「탄생」, 윤창혁 동시 「다 보이는데」, 이돈배 시 「궁수가 쏘아내린 소금화살」, 주현진 수필 「박꽃 예찬」, 강대선 시 「잘 익은 감을 바라보는 방향」, 문수봉 시 「조각난 하늘」, 이삼문 시 「자연의 노래」, 박안수 수필 「성공한 사람」(광주매일신문)

2021.10. 수필 「옹이」(전남매일신문)

2021.11. 문학평론 「시인 박두진 연구·3」(《문학공간》 384호)

2021.11. 평설 문정숙 시 「마음의 별」, 송재승 시 「산골처녀」, 안천순 시 「약속」, 오희숙 수필 「친구 이야기」, 나승렬 시 「골무꽃」, 박진남 시조 「가을꽃」, 이상기 시 「비처럼 내린다」, 김진환 수필 「하모니카」(광주매일신문)

2021.11. 수필 「옹이」(영남매일신문)

2021.11. 수필 「국화꽃」(전남매일신문)

2021.12. 문학평론 「시인 박두진 연구·4」(《문학공간》 385호)

2021.12. 평설 김관옥 시 「손저울」, 이강례 시조 「황진이」, 이용식 시 「비의 문」, 송미심 수필 「빈 의자」, 이태웅 시 「그대 흰 손의 겨울」, 정상기 시 「무등산 아래 앞산이」, 정윤희 시 「한낮에 우는 닭」, 김향남 수필 「꽃 밟는 일을 걱정하다」(광주매일신문)

2021.12. 수필 「바닥의 힘」(전남매일신문)

2021.12. 수필 「옹이」(《시인부락문예》동인지 제13집)

2021.12. 시집 『독도』(서영출판사)

2021.12. 수필집 『Read the window』(서영출판사)

2021.12. 문학이론서 『시 속에 흐르는 광주 정신』(서영출판사)

2021.12. 동화집 『들개의 길』(서영출판사)

2021.12. 수필집 『5·18』(서영출판사)

2021.12. 디카시 문학상 대상 「호숫가」, 「꽃신」, 「연못」, 「나」, 「사랑의 길」, 「열

정」(《오은문학》 2021 겨울호)

2022. 1. 문학평론 「시인 박두진 연구·5」(《문학공간》 386호)

2022. 1. 평설 오재동 시 「이슬」, 이문평 시 「새, 언어의 유희」, 한해련 시 「마음으로 쓰는 일기」, 이민주 수필 「어등산을 오르며」, 박성기 시 「빈 나루터에서」, 정관웅 시 「연」, 홍영숙 시 「광주천을 알고 싶다」, 이윤수 수필 「천제단 산신제」(광주매일신문)

2022. 1. 수필 「그믐달」(전남매일신문)

2022. 2. 문학평론 「시인 박두진 연구·6」(《문학공간》 387호)

2022. 2. 평설 고명순 시 「재단사의 고백」, 최상일 시 「고독」, 허갑순 시 「뜨거운 바퀴」, 김경선 시 「곰배령 가 보기」, 김영임 시 「보성 다원」, 김용국 시 「어떤 하루」, 문예자 수필 「찰나의 망각」(광주매일신문)

2022. 2. 수필 「울림의 문」(전남매일신문)

2022. 3. 문학평론 「시인 박두진 연구·7」(《문학공간》 388호)

2022. 3. 평설 조경환 시 「붉은 돼지집을 전망하다」, 이철호 시 「까치집」, 김병중 시 「숫돌」, 유순남 수필 「안개 속을 걷다」, 김석문 시 「낙락장송의 죄」, 윤삼현 동시 「마음의 숙제」, 이전안 시조 「호반새 나는 아침」, 이연순 수필 「머물고 싶은 곳」(광주매일신문)

2022. 3. 수필 「못」(전남매일신문)

2022. 4. 문학평론 「시인 박두진 연구·8」(《문학공간》 389호)

2022. 4. 평설 강남호 시 「이별도 내 사랑이라오」, 유해상 시 「눈썹달」, 공옥동 시 「5.18 묘역에서의 해후」, 고병균 수필 「UN의 공식 언어가 된 한국어」, 이여울 시 「포공영」, 이길옥 시 「디딤돌」, 박길무 시 「어머니 환영」, 김한호 수필 「마음의 꽃」(광주매일신문)

2022. 4. 수필 「봄 햇살」(전남매일신문)

2022. 5. 문학평론 「시인 박두진 연구·9」(《문학공간》 390호)

2022. 5. 평설 이겨울 시 「군불」, 박판석 시 「광주역사민속박물관에서」, 기세규 한시 「莞島鳴沙十里素景」, 김재유 수필 「나를 좀 꼭 안아 줘요」, 조연화 시 「연등을 걸며」, 이재설 시 「담쟁이를 보며」, 김윤묵 시 「알츠하이머」, 정형래 수필 「달의 신비는 누구도 깨지 못한다」, 조민석 시 「햇살이 빚어낸 그림」, 백국호 시 「돌탑을 쌓아가는 사람들」, 나종복 시 「5·18 그 무렵」, 문향선 수필 「그날을 헤아리며」(광주매일신문)

2022. 5. 수필 「열쇠」(전남매일신문)

2022. 6. 문학평론 「시인 박두진 연구·10」(《문학공간》 391호)

2022. 6. 평설 손덕순 시 「텅 빈 고요」, 설상환 시 「반섬의 꿈」, 김민경 시 「참선」, 남은례 수필 「비워내고 얻은 즐거움」, 이연례 시 「엄지족의 진화」, 이문석 동시 「새벽별」, 김형순 시 「엄마의 빈방」, 김경옥 수필 「아기공룡」(광주매일신문)

2022. 6. 수필 「다림질」(전남매일신문)

2022. 7. 문학평론 「시인 박두진 연구·11」(《문학공간》 392호)

2022. 7. 평설 김정희 시 「절창」, 서복현 시 「하얀 거짓말」, 이성자 동시 「미안해, 정말 미안해」, 김영자 수필 「동그라미 편지」, 김용주 시 「그림자」, 최영희 시 「그 시절의 향기」, 오승준 시 「너를 만나고 싶다」, 김용옥 수필 「환상여행」(광주매일신문)

2022. 7. 수필 「동백꽃과 노랑이」(전남매일신문)

2022. 8. 문학평론 「시인 박두진 연구·12」(《문학공간》 393호)

2022. 8. 평설 김옥중 시조 「자목련」, 강금이 시 「그리운 누이와 여름」, 양동률 시 「발 끝에 돋는 나비의 꿈」, 김정화 수필 「무등산」, 조현아 시 「거리두기」, 오소후 시 「무슨 힘으로」, 임해원 시 「꽉 찬 고요」, 소묘란 수필 「가을 청평사」(광주매일신문)

2022. 8. 수필 「그 남자의 글쓰기」(전남매일신문)

2022. 9. 문학평론 「시인 박두진 연구·13」(《문학공간》 394호)

2022. 9. 평설 최인순 시 「가슴에 붉게 피어」, 김양자 시 「낙엽, 말을 걸어오다」, 노남진 동시 「동백꽃」, 임인택 수필 「분홍 주름잎 풀꽃」 공난숙 시 「지산동 그 집」, 김경희 시 「이순 앞에서」, 이선근 시 「두가 세월교에서」, 박용서 수필 「오메! 머리가 흐커네」(광주매일신문)

2022. 9. 수필 「맨드라미 꽃차」(전남매일신문)

2022.10. 문학평론 「시인 박두진 연구·14」(《문학공간》 395호)

2022.10. 평설 김영석 시 「항쟁의 반란」, 이춘배 시 「집착」, 백정환 시 「아름다운 광채」, 박영덕 수필 「모여 있는 불빛」, 강태산 시 「빈집」, 양해철 시 「가을이 오면」, 김용 시 「구월이 간다」, 고병옥 수필 「봄날 애」(광주매일신문)

2022.10. 수필 「나만의 종교, 수석」(전남매일신문)

2022.10. 동화 「까치 왕국」(김해일보)
2022.10. 수필 「옹이」(김해일보)
2022.11. 문학평론 「시인 박두진 연구·15」(《문학공간》 396호)
2022.11. 평설 김명희 동시 「집 속에 집」, 최상일 시 「봄이 오기 전」, 김효비야 시 「첫사랑을 낳은 여자」, 장소영 수필 「그대 이름은 도루묵여사」(광주매일신문)
2022.11. 수필 「헛꽃」(전남매일신문)
2022.11. 평설 김목 동시 「내 솜사탕 어디 갔어?」, 문제완 시조 「문척 이모」, 최현규 시 「설악산 공룡능선을 걸으며」, 오경심 수필 「어머니의 들깨」(광주매일신문)
2022.11. 수필 「스니커즈」(전남매일신문)
2022.12. 문학평론 「시인 박두진 연구·16」(《문학공간》 397호)
2022.12. 수필 「압력밥솥」(전남매일신문)
2022.12. 평설 윤영훈 시 「12월」, 김재길 시 「데미샘 소회(素懷)」, 서연정 시조 「메타버스」, 신중재 수필 「父母가 반 孝子」(광주매일신문)
2023. 1. 문학평론 「시인 박두진 연구·17」(《문학공간》 398호)
2023. 1. 수필 「폐가」(전남매일신문)
2023. 1. 평설 전숙 시 「주름의 깊이」, 이보영 시조 「내 고향 성산」, 임린 시 「부재」, 윤소천 수필 「화광동진의 무등산」(광주매일신문)
2023. 2. 문학평론 「시인 박두진 연구·18」(《문학공간》 399호)
2023. 2. 수필 「가시」(전남매일신문)
2023. 3. 문학평론 「시인 박두진 연구·19」(《문학공간》 400호)
2023. 3. 수필 「마지막 항해」(전남매일신문)
2023. 4. 문학평론 「시인 박두진 연구·20」(《문학공간》 401호)
2023. 4. 수필 「수건」(전남매일신문)
2023. 5. 문학평론 「시인 박두진 연구·21」(《문학공간》 402호)
2023. 5. 시집 『당신의 저녁이 되고픈 날』(도서출판 시와사람)
2023. 6. 수필집 『바닥의 힘』(도서출판 한림)